ENCONTROS PARA ALÉM DA PSICOTERAPIA

crônicas para ler na antessala

Carmem Beatriz Neufeld
Mônica Ballejo Canto
Organizadoras

ENCONTROS PARA ALÉM DA PSICOTERAPIA

crônicas para ler na antessala

Artesã

Encontros para além da psicoterapia: crônicas para ler na antessala
1ª edição

COORDENAÇÃO EDITORIAL
Karol Oliveira

DIREÇÃO DE ARTE
Tiago Rabello

REVISÃO
Mônica Ballejo Canto

CAPA
Gustavo Prates

IMAGEM DE CAPA
©depositphotos.com/ ra2studio, Pages and glowing letters flying

PROJETO GRÁFICO E DIAGRAMAÇÃO
Conrado Esteves

E56

Encontros para além da psicoterapia : crônicas para ler na antessala / organizadoras : Carmem Beatriz Neufeld , Mônica Ballejo Canto . – Belo Horizonte : Ed. Artesã, 2018.

92 p. ; 21 cm.

ISBN: 978-85-88009-92-9

1. Psicologia. 2. Saúde mental. 3. Crônicas. I. Neufeld, Carmem Beatriz. II. Canto, Mônica Ballejo.

CDU 159.9

Catalogação: Aline M. Sima CRB-6/2645

IMPRESSO NO BRASIL
Printed in Brazil

ARTESÃ EDITORA LTDA.
Site: www.artesaeditora.com.br
E-mail: contato@artesaeditora.com.br
Belo Horizonte/MG

Sumário

Prefácio

A formação como terapeuta exige inúmeras horas de leitura e estudo. Os conhecimentos de diversas teorias e o contato com uma infinidade de possibilidades na tentativa de torná-los especialistas na diversidade humana.

No entanto, esta profissão requer igualmente um investimento pessoal, além do profissional. Psicoterapeutas necessitam de autocuidado e de psicoterapia, uma vez que sua principal ferramenta de trabalho são eles mesmos. A intervenção psicológica se dá a partir da relação entre um especialista em uma visão teórica e um especialista em si mesmo. E é neste encontro que se propagam as mudanças e os *insights*.

Parto, porém, da profunda crença de que psicoterapeutas são pessoas. Seres humanos com gostos, aspirações, pressupostos e manifestações variadas. Acima de tudo, são seres que exibem outras habilidades além das que escolheram desenvolver em seu ofício cotidiano.

Neste ínterim, foi lançado em 2016 um concurso de crônicas literárias. O I Concurso de Crônicas Literárias do LaPICC-USP, atividade que deu início às comemorações dos dez anos do laboratório. A ideia era selecionar crônicas que exprimissem pensamentos, vicissitudes, dilemas, alegrias, tristezas e/ou desesperos de terapeutas no exercício de sua função. O concurso recebeu diversas crônicas, das quais foram selecionadas 15 finalistas que foram compiladas nesta obra.

Este concurso visou comemorar a humanidade, a sensibilidade, a alegria, o inusitado do fazer cotidiano de um psicoterapeuta cognitivo-comportamental. Além disso, o mesmo objetivou principalmente propiciar uma literatura diferente sobre o olhar cognitivo-comportamental sobre o mundo.

Parabenizo os 15 finalistas pela delicadeza com que se lançaram na tarefa de compartilhar suas vivências conosco. Agradeço nossos avaliadores, Adriane Kipermann, Irismar Reis de Oliveira, Melanie Ogliari Pereira e Ricardo Gusmão pela dedicação ao desafio de produzir um conhecimento diferente em nossa área. Um conhecimento cheio de sensibilidade, sutileza e arte.

Convido-os a viajar com estes terapeutas em suas crônicas e refletir, sozinhos ou acompanhados de seus pacientes, sobre a jornada relacional que é fazer psicoterapia.

Boa leitura!

Carmem Beatriz Neufeld

Livre-Docente em Terapia Cognitivo-Comportamental pela Faculdade de Filosofia, Ciências e Letras da Universidade de São Paulo.

Docente, Pesquisadora, Escritora, Psicóloga e Psicoterapeuta.

Apreciadora da beleza presente no cotidiano. Aficionada, dentre tantas outras coisas, por plantas, animais, literatura, arte, cinema, vinhos, viagens, gastronomia e acima de tudo, pela diversidade e complexidade humana.

Apresentação

Este livro nasceu tanto da minha relação de amizade e admiração com Carmem Beatriz Neufeld, a Bia, quanto dos nossos distintos contatos e olhares sobre a psicologia e a prática clínica. Nos conhecemos no ano de 2010, no Congresso Brasileiro de Terapias Cognitivas, em Florianópolis, em que eu era representante da editora oficial da Federação Brasileira de Terapias Cognitivas (FBTC), a Artmed. Ela, psicóloga, foi eleita presidente da FBTC, e eu, supervisora editorial, coordenava a área de Saúde Mental da Artmed. Ela experienciava a clínica no dia a dia; eu me dedicava à publicação com qualidade de trabalhos como os dela.

A afinidade foi imediata e, meses depois, nos encontramos em Porto Alegre, na sede do Grupo A, onde foi reafirmada a parceria da Artmed Editora com a Federação. Nesse dia, descobrimos que éramos da mesma região do Rio Grande do Sul e que tínhamos muitas coisas em comum, além de nossas leituras, às quais havíamos chegado por caminhos diferentes. A amizade foi se fortalecendo e não deixamos mais de nos encontrar sempre que possível.

Em 2012, deixei o Grupo A, mas minha história com publicações da área não acabou ali. Iniciei o gerenciamento de produção da Sinopsys Editora e segui trabalhando com os livros da Bia e de muitos outros renomados autores, que já conhecia desde a Artmed.

Em 2014, recebi o convite dela para ir à Jornada de Terapias Cognitivo-Comportamentais (JoTCC) do Laboratório de Pesquisa e Intervenções Cognitivo-Comportamentais (LaPICC), da USP de Ribeirão Preto. Para mim, essa oportunidade, além do prazer de estar com a minha amiga, seu marido Davi, e muitos dos principais profissionais da área, foi agregadora para o meu conhecimento das linhas de pesquisa e terapias cognitivo-comportamentais da atualidade.

No fim desse mesmo ano, talvez por uma semente plantada na JoTCC, ela me procurou com a ideia de instigar profissionais da área a abrirem suas gavetas e compartilharem suas histórias – das mais emocionantes às mais absurdas – dos anos de clínicas: crônicas baseadas nas suas experiências profissionais. Achei uma ideia fantástica: uma janela para um mundo além do acadêmico, para as memórias e histórias desses profissionais, certamente bastante diversas, e cujo compartilhamento seria tão enriquecedor quanto o melhor artigo acadêmico.

O concurso foi realizado em parceria com o LaPICC, em 2016, e a ideia foi muito bem-sucedida dada a grande adesão e a riqueza das histórias que tivemos o privilégio de receber e que, agora, temos a honra de partilhar com um público ainda mais vasto através da publicação das mesmas.

Os três vencedores do concurso ganham destaque nesta publicação, e são suas as crônicas que iniciam o livro. Em seguida, os demais textos estão organizados em ordem alfabética a partir do nome de seus autores. Além das crônicas que participaram do concurso, trazemos, ao final do livro, duas participações especiais: a de Elie Cheniaux com a crônica *Enfim, curado*, cuja genialidade não poderíamos ignorar ao montar este livro, embora não tenha podido participar do concurso por já ter sido publicado anteriormente; e a crônica *Um reencontro*, de Carmem Beatriz Neufeld, por ser além de professora, pesquisadora, psicóloga e psicoterapeuta, também uma escritora nata.

Foi uma longa jornada desde a ideia em 2014, passando pelo momento de convites, recebimentos, avaliações e a divulgação na JoTCC de 2016, até a publicação do livro na JoTCC de 2018. Quatro anos de uma semente que brotou tanto da afinidade entre duas pessoas quanto da afinidade destas pela mente humana, pela saúde mental, e pelas pessoas que trabalham todo o dia para, através de suas pesquisas e atendimentos, ajudar indivíduos a viverem vidas mais plenas e felizes.

Nossos agradecimentos aos autores que abriram suas gavetas; às editoras Artmed e Sinopsys, que embora não possuíssem crônicas em suas linhas editoriais para que pudessem publicar o produto desse concurso, foram grandes responsáveis por muitos dos encontros que tornaram este livro possível; e também à editora Artesã, que aceitou fazer a publicação dessa coletânea de crônicas que, tenho certeza, irá proporcionar também encontros entre autores e leitores psicólogos, que sentirão que não estão sozinhos nos dramas e saias-justas do consultório.

Mônica Ballejo Canto

Bibliotecária, gestora editorial, profissional do livro desde sempre. Uma pessoa cujas mãos suam e o coração dispara há mais de 30 anos ao pegar um novo livro, produto do seu trabalho.

Quando o pior acontece

Aline Sardinha

E se o avião cair? E se eu passar mal e não conseguir respirar? E se eu quiser sair correndo e não puder? Vou ter um ataque de pânico! A lista de "E se..." das pessoas que sofrem com ansiedade é, por definição, interminável. Na cabeça de quem é ansioso, se há incerteza, se existe a mera probabilidade de algum fenômeno temido ocorrer, há ansiedade. Andam coladas como gêmeas siamesas, indissociáveis. Se alguma coisa ruim pode acontecer, é minha responsabilidade pensar sobre isso e, de preferência, evitar. Esse é o lema! O preço acaba sendo viver com ansiedade.

Já que a incerteza é perene, os terapeutas comportamentais tentam fazer com que os pacientes se habituem, até passarem a experimentar menos ansiedade. Os cognitivos suam a camisa para coletar evidências, reestruturar pensamentos catastróficos e promover uma visão mais realista da situação. Os contextuais, por sua vez, resolveram tentar convencer os ansiosos a aceitar, se abrir para a experiência e o desconforto causado pela ideia de que sim... coisas ruins podem acontecer. Às vezes, até acontecem.

Socorro! Coisas ruins? Que eu não posso controlar? E ainda por cima podem acontecer? Lá vem a ansiedade de novo, trazendo à tela da consciência uma cascata de pensamentos e imagens horríveis, que fazem o corpo entrar em estado de alerta. Todos preparados para o pior! Tem início mais um dos intermináveis ciclos de preocupação, marca registrada dos nossos queridos ansiosos.

E se o pior acontece? E quando paciente e terapeuta estão sentados na sala de embarque do Aeroporto de Congonhas, esperando o avião de volta para casa após uma bem-sucedida exposição de voo na ida, se preparando para enfrentar a segunda parte do desafio... E uma aeronave bate contra um prédio, logo após a aterrisagem, bem diante dos olhos de todos? Gritos, explosão, susto, caos. Medo, pânico, terror.

Isso é realmente o que de pior poderia acontecer na vida de uma jovem terapeuta! Eu lá, animada com a minha caixinha de ferramentas cognitivo-comportamentais para o tratamento da ansiedade, realizada ao presenciar seu funcionamento na prática. Maldito avião! E agora? Como manejar a minha ansiedade, os pensamentos de ter estragado tudo, desse paciente ficar traumatizado para sempre... O que eu vou dizer numa hora dessas? Escaneio mentalmente página por página dos meus livros de terapia e nada encontro. Por essa, nenhuma das minhas referências bibliográficas esperava!

Sentamos. Respiro profundamente, faço minha expressão corporal mais empática e pergunto, na maior caradura, o que está passando pela sua cabeça nesse momento. Péssimo! Era o que de melhor eu podia fazer. Era o que meu treinamento me compelia a fazer. Confesso que me ocorreu sentar, chorar e depois sair correndo rumo ao exílio perpétuo numa colônia naturista em Visconde de Mauá. Resolvi, contudo, ficar. Se alguém tem o direito de entrar em pânico numa situação como essa, certamente não é o terapeuta.

Pensa rápido: acolhimento, manejo da emoção, estratégias imediatas de solução de problema... Aeroporto fechado, caos nas companhias aéreas, uma multidão desesperada. Pegar o voo de volta deixou de ser uma possibilidade. Tentar remarcar a passagem? Impossível. Dormir em um hotel? Voltarmos de ônibus? A essa altura, inúmeras mensagens e ligações de pessoas preocupadas lotavam nossos telefones celulares. Santas distrações! Nada como ter tarefas para ocupar a memória de trabalho nesse momento, deixando pouco espaço para os pensamentos que alimentam a ansiedade. A minha e a dele. A distração e o cansaço se sobrepuseram ao medo. Elementar... inibição recíproca! Voltar a raciocinar em termos terapêuticos me traz conforto. Minha ansiedade agora um pouco mais sob controle! Paciente pensativo. Depois de algumas longas horas, chegamos todos em casa. Exaustos.

Marcamos uma conversa para o dia seguinte pela manhã. Retorno à minha persona terapêutica. O que tem passado pela sua cabeça a respeito do que aconteceu ontem? E a resposta surpreende até o mais criativo dos leitores.

- Ontem eu entendi definitivamente isso que você fala sobre a gente não conseguir controlar as coisas... Eu passei a vida toda me preocupando com o avião cair, com eu ter um ataque de pânico preso lá dentro, mas jamais teria criatividade para imaginar essa história do avião bater no prédio! Se nem eu, que sou o cara mais neurótico do mundo, consegui prever isso, de fato, não tem jeito. Estamos todos ferrados! Melhor mesmo relaxar e entregar na mão de Deus.

Terapeuta perplexa. Às vezes, o que poderia virar trauma faz emergir os pilares da resiliência. Como estamos cansados de saber, a forma como interpretamos a situação é que define a maneira como vamos nos sentir, nos comportar e a memória que iremos guardar. É assim que a mágica acontece.

Uma alusão ao diagnóstico em psicoterapia

Renata Cardoso Martins

Diziam que era uma criança com deficiência intelectual, bem compatível com o diagnóstico recebido. Cabelos finos e bem lisos, uma leve alopecia, olhos amendoados. Mas quando deu o ar da graça no consultório, parecia uma afronta ao próprio diagnóstico: traços correspondidos, características praticamente idênticas, mas um comportamento peculiar. Ainda bem que nem tudo é avaliado ao pé da letra pelos bons profissionais da saúde. Aliás, ainda bem que letra não tem pé para muita gente! Claro que diagnósticos são necessários e norteiam a prática clínica. Mas aquele olhar diferenciado de cada profissional em relação ao seu paciente... ahhh este sim, consiste na verdadeira essência que norteia o tratamento! Então pensei frente ao caso recebido: que intervenções utilizar? Pensando logo na terapia cognitivo-comportamental, como uma abordagem em que crianças menores têm maior benefício com técnicas cognitivas mais simples ou intervenções comportamentais, considerei uma incógnita: estava diante de uma criança que, além da pouca idade (6 anos), ainda havia recebido o diagnóstico de síndrome de Down! Putz!

Previamente, como é comum aos terapeutas cognitivo-comportamentais, surgiu logo o ímpeto de planejar a sessão. Bem, o jeito é verificar de que esta criança realmente pode dar conta. Ainda bem que para os bons profissionais, as intervenções não se limitam ao diagnóstico, mas caminham em paralelo com a capacidade de cada paciente. Enquanto isso, hipóteses de intervenções eram esboçadas na minha cabeça: psicoeducação sobre o tratamento, intervenções comportamentais se as intervenções cognitivas não funcionarem, treino de habilidades... Como a sessão com a mãe já havia acontecido, logo pensei: Vou estruturar a primeira sessão de acordo com as informações recebidas. Mas logo vem uma dúvida: até quando essa mãe não estaria blefando as informações em prol de sua própria defesa enquanto mãe? "Minha filha é especial, não pela síndrome, mas por ser muita esperta em relação ao quadro apresentado". Tudo bem que ela já tinha uma lista de acompanhamentos e tratamentos em seu currículo desde o nascimento, mas sempre fica uma dúvida quando ouvimos as mães... Ah elas correm certo risco de superestimarem seus filhos! Claro que também encontramos o inverso em nossos consultórios, mas isso não vem ao caso agora.

Bem, de qualquer forma, meu papel neste momento, não seria acreditar nem duvidar, mas verificar. E além de tudo, trazer aquele olhar que só profissionais capacitados e munidos de bom senso e ética, são capazes de construir ao longo da prática.... Coisa difícil isso! Enxergar o paciente além de sua classificação e trabalhar através da forma como ele interage e reage em cada situação! Hora de tentar. Sim, cada atendimento é uma tentativa, não existem garantias. Se alguém as tivesse, teríamos receitas e não psicoterapeutas.

Logo fui interrompida em meus devaneios pela secretária me avisando sobre a chegada da paciente. Respiro fundo, abro um sorriso ao mesmo tempo em que abro a porta. Sem pensar muito, a criança adentra em minha sala e pergunta:

– O que vamos fazer hoje?

E mais do que depressa, como já havia planejado, propus um contato inicial bem lúdico e alguns combinados do tipo: "aqui você pode mexer, nesta gaveta aqui apenas eu, ok?". Tudo certo até então. Logo depois havia pensado no tal do *role play* invertido, uma técnica onde as pessoas envolvidas trocam os papéis e encenam situações do cotidiano, ótimo para verificar e treinar algumas habilidades. Então começa o treino e a pequena com o tal "déficit cognitivo" percebe-se no controle da situação e dá o primeiro comando:

– Feche os olhos!

Meio que embaraçada e sem imaginar o que estava por vir, fecho os olhos por um momento, afinal, fui eu quem propus a técnica! É preciso estabelecer uma relação de confiança, pensei, claro! Mas como o tempo estava demorando, não me aguentando de tanta curiosidade pelo "longo" período de silêncio, decidi abrir os olhos bem devagar para não ser flagrada pela paciente. Foi então que me deparei com a cena de a criança investigando todas as minhas gavetas e armários! Não resisti:

– Você esqueceu os combinados? Nestas gavetas e armários somente eu posso mexer, ok?

Quando ela responde com um sorriso enorme estampado no rosto:

– Ei! Você esqueceu que agora eu sou você?

Dei um sorriso bem grande e respondi:

– Você tem razão!

E logo compreendi que estava diante de uma criança fantástica que poderia me proporcionar um grande aprendizado, além da minha colaboração pretendida como profissional.

Existem intervenções que apenas funcionam na prática, quando temos disposição de abrir os olhos e enxergar a criança que realmente está a nossa frente... E que em sua singularidade nos convida a transcender seu próprio diagnóstico!

Uma conversa paralela

Eliane Falcone

Minha experiência como terapeuta foi orientada inicialmente pela abordagem comportamental. Nos anos 1980, eu estava iniciando a minha carreira, bastante entusiasmada com os princípios das teorias da aprendizagem. Naquela época, tratava especialmente de indivíduos com fobias específicas, transtorno obsessivo-compulsivo, depressão e disfunções sexuais. Como terapeuta iniciante, procurava ser eficiente na elaboração de hipóteses clínicas a partir das primeiras queixas do cliente, a fim de seguir rigorosamente as orientações da literatura. E foi assim que, um dia, vivi uma experiência inusitada na clínica em que trabalhava.

Psiquiatras e psicólogos de diferentes abordagens atuavam, assim como eu, na Clínica Pavlov que, embora tendo esse nome, não apresentava nenhuma placa ou identificação que caracterizasse as atividades profissionais realizadas naquela ampla casa de dois andares. O dono da mesma era um psiquiatra renomado que atendia clientes da alta sociedade carioca, os quais não queriam ser expostos como doentes mentais, daí a ausência de qualquer placa de identificação. Desse modo, seguíamos trabalhando em uma grande casa, somente identificada como Clínica Pavlov pelos que a frequentavam.

Praticar a psicoterapia em uma casa sem identificação na entrada pareceria normal se não existisse uma "Termas" ou "Casa de Massagem", frequentada por alguns homens para encontros sexuais, duas casas antes da Clínica Pavlov. Por conta dessa condição atípica, certo dia a secretária da Clínica Pavlov me encaminhou um "cliente" para psicoterapia, quando na realidade, o mesmo achava que aquela casa (a Clínica Pavlov) era uma Termas "disfarçada". Tal como esclarecido mais tarde, o homem entrou primeiro na Termas e, ao verificar que "o preço era muito alto", seguiu adiante, deparando-se com Benedito, um *office-boy* da Clínica, que era surdo e que compreendia a fala das pessoas pelos movimentos labiais. Ao ser interpelado pelo homem, Benedito o orientou a "entrar e falar com as meninas", referindo-se às secretárias da clínica.

Lembro-me bem que este dia era uma tarde de quinta-feira. Uma psicóloga e um psiquiatra deveriam se reunir comigo às 18h, a fim de discutirmos os problemas de uma família, cujos membros eram nossos clientes. Antes da reunião, saí com a colega psicóloga para um breve lanche e, ao retornar, deparei-me com o tal sujeito na recepção, conversando com a secretária. Ao entrar, vi que ele me olhou de cima a baixo e, mesmo estranhando, entrei na sala da reunião, sendo seguida pela psicóloga, pelo psiquiatra e por mais duas estagiárias. Antes de iniciar a reunião, a secretária entrou e disse que tinha um cliente na recepção para marcar comigo, já que eu atendia às sextas-feiras. Uma vez que ele ainda se encontrava ali, ela sugeriu que eu fosse rapidamente até a recepção para marcar diretamente com ele, o que me pareceu razoável.

Ao chegar à recepção, vi tratar-se do mesmo homem que havia me olhado daquela maneira na entrada. Sem dar importância ao fato e feliz com a possibilidade de atender mais um cliente, tratei de marcar para o dia seguinte, recusando o pedido insistente do sujeito de "ser ainda naquele dia", com o argumento de que não havia mais horário para aquela quinta-feira. Hoje fico imaginando os pensamentos dele ao me ver retornar para aquela sala cheia de pessoas (o psiquiatra, a psicóloga e as duas estagiárias).

No dia seguinte, o cliente chegou no horário marcado. Ele me pareceu bem vestido e perfumado demais, porém esses fatos me eram irrelevantes, diante da oportunidade de iniciar o meu trabalho com um cliente novo. Recebi com um aperto de mão e o conduzi à minha sala. Em frente a minha mesa de atendimento havia duas cadeiras, onde o cliente ocupou uma delas. Ao lado da mesa havia uma cama móvel, utilizada para as técnicas de relaxamento e dessensibilização. Ao entrar na sala, ele olhou em torno e percebi que estava um tanto nervoso, o que considerei natural. A partir daí demos início a um diálogo que demorou vinte minutos, onde eu o considerava um cliente de psicoterapia, enquanto ele me via como uma prostituta. Para ajudá-lo a descontrair, perguntei sobre sua profissão e ele informou que trabalhava como perfurador da Petrobrás. Continuei com algumas perguntas neutras e, quando o percebi mais descontraído, iniciei a entrevista:

- Por que você veio aqui?

- Porque eu quero fazer um relax.

A resposta do sujeito me levou a reforçar a ideia de que se tratava de uma pessoa ansiosa. Precisava então explorar os fatores que ativavam a sua ansiedade.

- Por que você quer fazer um relax? O que está acontecendo com você?

- Ando desmotivado sexualmente por minha mulher.

Tal afirmação me levou a pensar nas razões de tal desmotivação. Perda do desejo sexual? Problemas com o desempenho sexual? Ou a desmotivação seria apenas relacionada a sua mulher? Iniciei então uma série de perguntas a fim de elucidar o foco da ansiedade.

- Você é casado há quanto tempo?

- Há três anos.

- Quando começou o seu desinteresse sexual pela sua mulher?

Cliente (já inquieto na cadeira, sem entender muito bem o motivo de tanta pergunta):

- Há cerca de seis meses.

- Tem filhos?

- Sim, tenho um bebê de três meses.

Diante dessa afirmação, pensei que a gravidez fosse um possível motivo do desinteresse pela mulher.

- Então sua mulher estava grávida quando você começou a perder o interesse sexual por ela?

Cliente (já visivelmente inquieto, mas tentando se controlar):

- Sim, estava.

- Seria então este o motivo de sua desmotivação?

- Sim, possivelmente.

Pensei que o cliente estivesse com dificuldades para revelar alguma outra razão para o desinteresse. Estaria ele passando por uma perda do desejo sexual em razão de uma eventual depressão? Ou será que ele experimentava ansiedade frente ao desempenho sexual e não conseguia se relacionar com outras mulheres? Ou ainda, seria alguma atração homossexual que o tornava não atraído pela sua esposa? Prossegui então com a entrevista.

- É somente pela sua mulher que você se sente desinteressado sexualmente?

- Sim. Com as outras eu tenho me dado muito bem.

- Você tem praticado relações sexuais extraconjugais?

- Sim.

- E como tem se sentido sobre isso?

- Bem. Sem problemas.

Neste momento, conjecturei tratar-se de um problema de inadequação sexual conjugal. Possivelmente haveria problemas na relação desse casal que necessitaria de uma orientação a ambos, com identificação dos problemas de interação social e sexual. Neste momento, não hesitei em perguntar.

- Sua esposa sabe que você veio aqui?

- Não!

- Você se opõe que ela saiba?

Cliente (já quase pulando da cadeira):

- Me oponho! Mas a culpa é minha...

Neste momento, iniciei o processo educativo da terapia:

- Não se trata de identificar um culpado. Os problemas de comunicação na relação conjugal são sempre devidos à colaboração das duas partes. Certamente o seu desinteresse deve ter iniciado há algum tempo. Problemas de comunicação também levam a perda do interesse sexual. Dificuldades em se expressar assertivamente podem gerar esse problema. Outras dificuldades são oriundas das crenças sobre como deve se realizar o ato sexual. Muitas dificuldades nesta área podem ser resolvidas a partir da melhora da comunicação do casal, inclusive na forma como o ato sexual deve se desenvolver. De modo que seria interessante você trazer a sua mulher aqui para conversarmos com mais tranquilidade e desenvolvermos um programa de intervenção...

O Cliente, já transtornado, interrompeu a minha fala:

- Não estou entendendo. Eu vim aqui para fazer um relax, achando que se trata de uma casa de massagem!

Neste momento, fiquei perplexa. Creio que ligeiramente ruborizada. Aos poucos fui retomando o meu equilíbrio e respondi:

- Esta é uma clínica de psicoterapia e não de massagem. Você sabe o que é uma psicoterapia?

O cliente, acenando afirmativamente, mal conseguindo disfarçar a contrariedade:

- Sim, sim, sei...

- Percebi que você está com problemas em relação a sua esposa e que isto o faz procurar relações extraconjugais e estava explorando as razões desses problemas. A presença de sua mulher poderia ajudar a elucidar os problemas. Entretanto, gostaria de entender por que você achou que esta era uma clínica de massagem.

O sujeito então relatou o ocorrido. Neste momento vi que haviam se passado vinte minutos. Após o esclarecimento do equívoco, informei que ele não precisaria pagar a consulta e me despedi, muito frustrada por constatar que não era desta vez que atenderia mais um cliente para a minha experiência como terapeuta. E qual não foi a minha surpresa quando ele perguntou:

- E agora?

Sem entender a pergunta, pedi que esclarecesse, ao que ele respondeu:

- Agora estou em altas!

Ao perguntar o que isso significava, ele esclareceu que havia criado uma grande expectativa sobre nosso encontro e agora estava decepcionado. Após sugerir que ele procurasse a Termas na mesma rua, despedi-me não menos decepcionada.

A experiência foi útil para o dono da clínica colocar uma discreta placa na frente da casa: Clínica Pavlov. O que mais me impressionou foi o fato de travar um diálogo de vinte minutos com um indivíduo que eu imaginava ser um cliente de psicoterapia, enquanto ele estava certo de que teria uma experiência sexual comigo. Após a decepção de haver perdido a possibilidade de mais uma experiência como psicoterapeuta, passei a refletir sobre o que estaria passando na cabeça daquele homem durante os vinte minutos em que ficou conversando comigo, respondendo às minhas perguntas tão estranhas a sua realidade. Penso também que, graças à minha fidelidade em conduzir uma entrevista de avaliação clínica de acordo como os princípios da literatura cognitivo-comportamental, foi possível esclarecer a situação sem que ocorresse constrangimento maior.

Hoje acho o episódio engraçado e relato entre amigos com certa dose de bom humor.

Diário de uma supermãe

Aline Henriques Reis

Era uma mulher precavida. Psicóloga, conhecedora das teorias de desenvolvimento infantil. Ampla experiência em orientar pais desesperados. Sabia como ninguém como ajudar a educar o filho dos outros. Até que chegou a sua vez. Vida encaminhada, hora de engravidar. Tudo certo, teste de gravidez positivo. Estudou tudo o que pode sobre o parto. Estava certa de que tinha feito a melhor escolha. Chegou o grande dia. Nada saiu como o previsto. Nada semelhante àqueles lindos e instigantes relatos de parto natural. Dizem os outros: "por que você sofre? O mais importante é que o bebê está bem". Verdade, pensava ela, tudo bem, acontece. Página virada. Os dias se passaram. Os livros não estavam tão certos assim. Ninguém havia lhe contado que seria difícil. E aqueles lindos posts de *facebook* falando quão maravilhosa era a maternidade? Depoimentos e fotos falando de um amor incondicional. E eis que a criança chora, bate um desespero. Por que chora? Reza a lenda que há timbres diferentes para o choro do bebê conforme cada necessidade. Então ela parava. Ouvia. Tudo igual. Sério mesmo que há diferença? Bom, talvez seja só uma fase, demora até pegar-se o jeitão da coisa, assim pensava ela. Finalmente o puerpério passou. Agora sim. Sem cólicas, choros diminuíram. Conexão mãe e filho: reina a autoconfiança. No entanto... virose, papinhas, o pequeno mundinho vira do avesso de novo. Pobre incauta! Aquela que sabia exatamente o que fazer em cada situação, que criticara inúmeras outras mães em pensamento: "Que horror! Com esse excesso de rigidez essa criança não terá oportunidade para explorar o mundo"; "Pobre criança, privada de receber o leite materno porque a mãe não tentou o suficiente"; "Que falta de pulso dessa mãe que não oferece limites a essa criança". Descobriu do jeito mais árduo que era uma excelente mãe até ter um filho!

Desaparecendo?

Anderson da Silva Castro

Talvez eu esteja ficando louca, mas é muito provável que os livros e os estudos estejam colaborando.

Talvez eu esteja ficando louca, mas é correto dizer que o ano de 2014 contribuiu para isto. Este ano e suas expectativas infundadas, seus desejos irrealizáveis, seus prazos infundados e seus dias... Ah! Seus dias esgotadores.

Eu prometi a mim mesma; não culpe Veronika – penso – ela decidiu morrer. Muito menos culpe Alice, benfeitora como sempre, cedeu a obra. É como eu disse uma vez a Victor, é sempre alguém, um dia, um momento ou alguma coisa que consegue me tocar por mais tempo do que deveria.

O melhor de tudo são os conselhos: "Assim como a adolescência, isto irá passar, Sônia", disse tão imperiosamente a manicure à minha preocupada mãe. Seus olhos, ao me capturarem, fazendo o mesmo que a Mrs. Dalloway quando encontrou com Peter Walsh. Lá está ela, pensei, sempre me criticando. Que desgraça de vida, aposto que pensa, encarcerada no quarto, evitando pessoas.

Mas, eu tenho amigos, é claro, às vezes os confundo com moinhos de vento, se é possível, como dizem meus críticos. Lá vai ela, indo para a terapia, pobre Mrs. Dalloway, tão pobre por dentro, tagarelam os esquisitos do ponto de ônibus;

as crianças chorosas que um dia eu embalei nos braços. Lá vai ela, mas esqueceu o *Sancho Pança*, estão falando, pobre moça. Qual será o problema dessa gente, penso, aposto que é falta de ficar a sós, concluo.

Fique só, disse-me Albert Camus antes de desaparecer no espelho do quarto, talvez seja necessário refletir, prosseguiu. Foi então que tudo pareceu claro. É isto, não pode ser outra coisa, foi como pensei – exaltada, proclamei – o mundo está se tornando um lugar perigoso para se viver.

A passos largos, chego à sala de espera do consultório, lá eu vejo dez mil homens, talvez até mais, brigando na cabeça de duas ou três pessoas, todos tão próximos que eu poderia descrever suas vestes.

Eu sei o que pensam, aí está você, cada vez mais inquieta, cada dia mais tensa. Sem dizer nada me acomodo na cadeira próxima à porta; rota de fuga.

Como sempre, lá está Isabel. Sempre com seus olhos tristes e fixos no ardor daquele mundo que a mesma jura arder em chamas.

– Estive ontem com Daniel, me disse semana passada, ele ainda pensa em Larissa. Ela me disse que insistiu com ele, Daniel, "você não acha engraçado o fato dela não ter dito que perdeu o trem para casa?" – disse Isabel. "Que o carro dela tenha sido encontrado tão perto do lago em que vocês costumavam ir?" – Continuou. Ele ainda acredita que ela apenas está viajando.

– Olá, Natália – diz Isabel.

– Olá, querida Isabel – respondo. Querida, oh! Querida Isabel, espero de coração que você esteja bem e suas pretensões estejam certas. As coisas têm sido tão difíceis para você, tão solitária – pego-me pensando – acordo inúmeras noites esperando o telefone tocar e alegro-me de te ver, hoje, amanhã, cada dia aqui, sempre tão feroz.

Do outro lado da sala está Sara. Com suas mãos abertas e sem tocar em nada. Penso, o que faz aqui neste horário? O sol do meio-dia parece ser algo crítico para você, algo muito cruel para uma aparência tão delicada. O calor, o sol, o vento que uiva. Que saudade, Sara, da época em que nossa vida era tão indomável quanto o vento. A noite que acolhe, as mãos que tocam, estas são imaculadamente purificadas com água e erva doce; o odor é tão redolente que se mistura com o ar e com ele castiga a poluição da cidade que invade o recinto através da grande janela. Questiono-me como uma aparência tão ardente quanto o fogo não é capaz de aquecer aquele coração tão frio. Ela me olha, respondo ao gesto. Não me convoque amiga, saiba que eu não posso derreter este gelo, penso. Até hoje eu não sei quem é você Sara. No momento, ela não parece impelida a se desarmar; parece ocupada demais tentando conter as inundações que cobrem sua pele.

Logo o relógio toca, de uma das grandes salas de atendimento sai um rapaz elegante; para ele, hoje, o dia parece terminado; para Sara, tudo começa agora. O tempo passou por mim da mesma forma que a luz do *neon* navalha os olhos dos admiradores da noite; os boêmios, os sonâmbulos, vivos para alguns, mortos para outros. Perdida no tempo, não vi Isabel partir. Para onde foi?

– Natália! – Uma senhora chama. Reajo assertivamente. – O doutor já vai atendê-la.

– Obrigada – respondo.

Então, aquela dor começa; da mesma forma que percebo o som da vida se afastar, enquanto sinto que o peso do mundo é deixado sobre mim, como fosse algo que eu pudesse suportar.

Olho para a porta do consultório. O que vou dizer? – penso – por onde vou começar? – me confundo. Talvez seja lícito começar pelo princípio de algo que eu acredite que vá acontecer... Pois, percebo que as mudanças – como esta dor – estão acontecendo para além dessas palavras.

Os meses passaram, as estações curtiram e pouco desses dias eu apreendi; hoje, eu ainda percebo que eu ainda sou eu, então permaneço aqui, sentindo cada movimento do meu corpo. Contudo, algo está diferente. Lá no céu, no lugar de carroceis, vivem apenas nuvens, isto é, algo que eu pensei que não podia ser mexido, foi tocado; ficou lá, arrebatado em vinte e oito dias de setembro.

Estou voltando para casa, algo não está como o habitual, penso. As pessoas falam, brincam, sorriem, o vento muda de direção, a lua ilumina. Recordo que eu jamais desejei morrer ou mesmo deixar de viver, tudo estava perfeito, a vida me conservava tudo, a chuva era fresca, o vento tempestuoso e as rosas belas. Mas haviam as pessoas, elas viviam, elas me viam, por vezes vinham. Paro na calçada um instante para o carro passar, olho para o céu e tento reviver antigas memórias...

Se eu pudesse reviver todas as memórias que me levaram à terapia, eu o faria. Só me recordo das noites, de tentar sobreviver às noites – volto a caminhar. As lembranças, elas somem rapidamente, estão desaparecendo; são lembranças escuras, ou seja, fogem da luz, elas estão desaparecendo. Ao passar pela esquina de minha casa, parei. Espere! O mundo está diferente – repito a mim mesma. Este momento é muito especial. Se a vida fosse uma espécie de rádio musical, esta seria a hora de eu virar o dial para saber se a estação que dedilha minha vida está de fato em harmonia. Entretanto, saberia que isto seria inútil. A quem vou enganar? – Protesto. Sim, eu ouço as risadas das crianças, a alegria dos adultos e até mesmo o som que faz o genuíno silêncio.

Estou deslumbrada com a sensibilidade deste momento; será que estou compreendendo corretamente as coisas?

– Interrogo. Ainda estão desaparecendo... Elas ainda estão desaparecendo, distanciando-se cada vez mais. Agora, estou indo para longe e toda essa distância me faz ver que coisas surgem e desaparecem, as flores nascem e morrem, os homens crescem e se transformam. Quantas transformações, vida! – Falo em alto e bom tom. Pessoas tropeçam, espíritos se unem e desunem com o passado formando toda uma história carregada de repetidas transformações.

Se eu pudesse reviver todas as memórias, aquelas memórias... Eu as usaria muito bem. Mas agora elas estão sumindo tão rápido, não sei o que acontece; os dias se foram, levaram consigo a escuridão, deixaram-me a luz. Subitamente, prestei atenção; num momento percebi, ali está a vida; surge por detrás daquelas memórias que estão desaparecendo.

Adjacente

Fátima Oliveira

Já estávamos nos encontrando há algum tempo para as sessões de psicoterapia. Abrigada há menos de um mês, a menina de 12 anos raramente falava.

Entre silêncios perduradores e atividades artísticas, eu procurava por uma brecha, por mínima que fosse, para tentar dar rumo a uma conversa, reforçar o vínculo e obter conteúdo:

- Como foi o último dia de visitas, domingo passado?

- Não foi.

- Não foi???

Eu havia sido previamente informada de que A. receberia parentes não tão próximos, numa tentativa de proximidade e possível adoção. Chegariam após algumas horas de viagem, candidatos bem cotados a receberem-na no seio familiar.

Delicadamente, garimpo entre desenhos e poucas falas o desejo contido de que a vida se refizesse, quem sabe, numa experiência boa e ainda não vivida. Acolhimento e tranquilidade.

Nos dias que se seguem tenho o cuidado de checar se a visita de fato aconteceu, embora A. não houvesse confirmado: "Houve alguma tensão inicial, disse a educadora, mas logo A. e seus familiares começaram a interagir".

Fico intrigada, reflexiva: seria algum tipo de negação por parte da menina, em dizer que "não foi"? Alguma resistência em falar sobre?

Segui tentando compreender as seguidas falas que durante duas sessões seguintes não se alteravam:

– Então, você gostaria de me contar sobre a última vez que recebeu visitas? Divertiu-se?

Ao que ela respondia:

– Você não sabe nada... não aconteceu isso.

Ainda assim, sistematicamente, trabalhamos a imaginação de forma gradativa explorando as possibilidades futuras, incluindo a de que conseguisse um novo lar. Aos poucos esta possibilidade transmutou de hipótese curiosa a ideia firmada após a confirmação pela educadora de referência de que A. seria acolhida na família extensa.

Por fim, antes que se extinguisse a possibilidade de fazê-lo, ao concluirmos os atendimentos, questionei A. de modo assertivo em relação às suas respostas sempre negativas quando eu perguntava pelas visitas dominicais que, evidentemente, aconteciam.

Assertivamente, com um brilho sutil nos olhos e um sorriso discreto, respondeu-me:

– Você sempre me pergunta sobre a última visita, já te falei: não tem última visita. Eu sabia, sempre, que eles iriam voltar.

Linda crença subjacente.

Rumo

Fátima Oliveira

Adentra na sala de atendimento psicológico uma senhorinha, no auge dos seus 73 ou 74 anos. Caminha como quem já viu de tudo na vida e, ainda assim, como quem nada via à sua frente. Entra só, olhar meio perdido, um leve balançar de cabeça entrega sentimentos que pareciam ser um misto de inconformismo, melancolia e um toque de indignação.

Aos poucos se abre para não mais se conter:

– Não me conformo... o Doutor disse que tenho câncer e que deveria "passar" na psicóloga. Mas o que a senhora pode fazer por mim? Estou acabada...

E assim discorre a senhora, alternando entre lembranças e lamentações.

Ondulados cabelos grisalhos não condizem com a inconformidade em perceber o passar do tempo e das oportunidades que lhe foram tão raras em seu modo de perceber a própria vida.

Penso eu com meus botões que, na verdade, o tempo até que fora generoso já que não é qualquer pessoa que tem o privilégio de chegar a esta idade.

Ouço pacientemente (e usando um termo da própria) a "ladainha" das perdas de sua vida, as poucas compensações, as idas e vindas. Tudo como se o mundo estivesse prestes a acabar.

Garimpa o passado, revolve memórias, explora o arquivo mnemônico como quem perdeu a agulha no palheiro. Lembra-se então dos antigos amigos que já se foram, dos parentes distantes (amados ou não), de lugares, circunstâncias, desfechos. Tudo numa velocidade meio caótica, confusa, fragmentada.

A voz embargada, numa única e compactada sessão, despeja algumas de suas crenças:

– ...nunca tive tempo para viver...

–...vou morrer sem rever meus parentes...

– ...já não vale a pena lutar...

Acalmou-se, combinamos um novo encontro na mesma semana. Depois disso sumiu: não compareceu à próxima sessão, não ligou, não deu "sinal de vida".

Num dia qualquer, entre um atendimento e outro, peguei-me a confabular cá com meus botões ao lembrar a senhorinha amargurada, intensa e, porque não dizer, vivaz. O que teria acontecido? Com o conformismo tranquilo de terapeuta que já sabe nem sempre saber dos finais de histórias, deixo a lembrança ir assim como veio: sorrateiramente.

Reapareceu a tal senhora depois de um mês, alegre da vida, se cuidando como deveria, vivendo um surpreendente autorreverse.

– Sabe doutora, conversamos muito naquele dia e foi bom mesmo... fui tirando as "nuvens" do pensamento e, lá no fundo de minha cabeça, após a conversa encontrei uma viagem. Uma que eu desejava muito, mas que nunca fiz; uma hora por não ter dinheiro, outra hora por não ter tempo... Pois foi com pouca mala e muita coragem que "botei o pé na estrada". Visitei parentes, amigos, andei pela cidade, bairro e ruas da infância e parte da adolescência. Eu queria tanto ter feito esta viagem... quando parei de reclamar, fomos "tomar rumo" (a filha concordou em ir comigo).

Como terapeuta, testemunhei o ressignificar de sua existência. Como pessoa, ressignifiquei o meu conceito de finitude humana.

Seu terapeuta não se acha uma fraude? É melhor procurar outro profissional

Giovanni Pergher

Essa proposta de escrever uma crônica com o título “Seu terapeuta não se acha uma fraude? É melhor procurar outro profissional” é fruto de uma ideia que venho desenvolvendo ao longo da minha trajetória profissional. Antes que você espere algo bombástico nas páginas vindouras, deixe-me esclarecer: não se trata exatamente de uma ideia desenvolvida de forma deliberada, intencional e com sistemático desprendimento de energia. Antes disso, o que apresento a seguir são meros desdobramentos e aprofundamentos sobre constatações que fiz graças à serendipidade.

Para ajudar você a tomar uma decisão informada quanto a continuar lendo este texto ou deixá-lo de lado, coloco três pontos que, sob minha ótica, merecem ser incluídos em suas ponderações:

1) Já no primeiro parágrafo desta crônica, de forma deliberada, violei uma recomendação básica das boas práticas da escrita: evite termos pouco usuais, uma vez que estes geram maior demanda cognitiva e tendem a desestimular o leitor a prosseguir. Nesse sentido, usei a palavra serendipidade (descobertas importantes feitas por acaso) para que você possa conhecer meu estilo já de saída.

2) Meu texto é sempre cheio de parênteses (como no caso da breve explicação do significado de serendipidade, no

ponto anterior), pois, a despeito de saber que isso também eleva a demanda cognitiva, é comum que eu julgue importante fornecer determinados esclarecimentos enquanto discuto o assunto ou então queira tecer algumas considerações sobre um tema corolário (sim, mais um termo que, segundo as boas práticas da escrita, está proscrito) (de novo! droga!).

3) Sou uma fraude.

Depois de explicitados esses pontos, gostaria de, em primeiro lugar, dizer que fico honrado por saber que sua decisão foi a de continuar a leitura. Espero que aprecie o texto!

Meu conselho de que você deveria procurar outro profissional caso seu atual terapeuta não se veja como uma fraude é baseado numa premissa fundamental: as mesmas características que distinguem um bom terapeuta de terapeuta mediano são aquelas que naturalmente levam esse bom terapeuta a perceber-se como uma fraude.

As duas características que apontarei como críticas na diferenciação entre bons terapeutas e terapeutas medianos (seja lá como for que se defina objetivamente um terapeuta como "bom" ou "mediano" - você não achou realmente que uma fraude como eu saberia um mínimo a respeito do tema sobre o qual escreve, não é?) foram definidas com base nas vivências que tive nos mais diversos contextos e papéis, com destaque para minhas experiências: como paciente, como terapeuta, como supervisor de terapeutas, como terapeuta de outros terapeutas, como consumidor de conhecimento advindo da ciência psicológica e como um ser humano como outro qualquer. Estas duas características são: 1) Desejo de melhorar sua prática continuamente, o qual é expresso através de uma postura de abertura a novas ideias e empenho constante para manter-se atualizado; e 2) Capacidade de estabelecer relações nas quais transmita à outra pessoa, ao mesmo tempo, validação e estímulo à mudança.

Como nunca escrevi uma crônica antes e não tenho muita ideia de como fazê-lo, uma vez que o meu consumo desse tipo de literatura é bastante próximo do zero, optei por fazer uma espécie de relato autobiográfico-científico, entrelaçando alguns fatos importantes da minha vida e descobertas científicas que contribuíram para que eu pudesse chegar à ideia central que aqui coloco de que os bons terapeutas invariavelmente passam por momentos nos quais eles se sentem uma fraude.

Sou conhecido entre meus amigos como sendo uma das pessoas com a melhor memória para lembrar datas de eventos autobiográficos, pois tenho uma clareza muito grande a respeito de quais eventos ocorreram em quais anos da minha vida, bem como detalhes precisos a respeito destes (caso você esteja agora lamentando-se por não ter uma memória tão boa, tenha em mente que, assim como ocorre com quase tudo na vida, os benefícios advindos de uma característica sempre vêm com um custo associado: o carro mais potente consome mais combustível; a capacidade de pensar criativamente é proporcional a de pensar catastroficamente, e assim por diante).

No ano de 1998, eu comecei a cursar a faculdade de psicologia. Como ocorre na maioria dos cursos superiores, os primeiros semestres são compostos por diversas disciplinas mais "genéricas" e um número limitado de disciplinas mais específicas do curso que a pessoa está fazendo. Em março de 1998, passei a frequentar então a disciplina mais, por assim dizer, "psicológica", chamada Psicologia Geral e Experimental I. Nessa disciplina, a professora utilizava uma abordagem de divisão dos conteúdos baseada no conhecimento que tinha a respeito de cada um. Portanto, basicamente, o semestre era divido em três blocos de igual tamanho: na primeira parte nós vimos as abordagens comportamental, cognitiva e humanista; no segundo bloco, estudamos as funções do ego e, na parte final do semestre, o tema era os mecanismos de defesa.

Ao contrário de muitos colegas que já tinham alguma noção de Psicologia (alguns até já certos da abordagem com a qual mais se identificavam), eu, mesmo tendo pai psicólogo e um irmão mais velho estudante de psicologia, era absolutamente cru e aberto a todo e qualquer conhecimento. No início do semestre, a professora (sensatamente, na minha opinião) convidava algumas pessoas "de fora" para falar dos temas sobre os quais ela possuía pouco domínio. Assim, uma das primeiras aulas que tive foi com duas convidadas que vieram falar sobre abordagem comportamental.

Uma coisa que me chamou muito a atenção (que talvez tenha sido uma primeira semente da ideia que desenvolvo nesta crônica) foi que, depois das convidadas fazerem a sua apresentação, elas utilizaram os minutos finais fazendo algumas colocações que para mim não fizeram muito sentido.

Eu particularmente achei a aula muito interessante, e o que elas colocaram acerca das explicações behavioristas para o comportamento e as implicações clínicas delas derivadas fizeram muito sentido pra mim. Por esse motivo, naquele momento, não consegui entender como era possível que elas estivessem ali expressando um pesar: o fato que apenas um número muito restrito de estudantes se interessava por estudar aquela abordagem. Não fazia sentido para mim como que uma explicação tão parcimoniosa e baseada em evidências empíricas poderia atrair tão pouca atenção de futuros psicólogos.

Essas convidadas que falaram sobre o behaviorismo fizeram um convite a todos que tivessem se interessado para participar de um grupo de estudos que elas conduziam. Eu me interessei e tive vontade de participar e, ironicamente, quando comentei com meu irmão sobre o grupo para saber se eventualmente ele teria vontade de participar também, fiquei sabendo que ele já era um membro assíduo daquele grupo.

Bom, o ponto que eu quero destacar aqui é que comecei a participar dos encontros desse grupo de estudos, o que teve duas consequências importantes. A primeira delas foi que pude constatar que aquilo que nos ensinavam na faculdade a respeito de behaviorismo era altamente distorcido e reducionista (mas poderia ter sido muito pior... um psicólogo amigo meu, formado em outra faculdade, escutou o seguinte argumento como a principal crítica ao behaviorismo: "O pai do comportamentalismo foi Burrhus F. Skinner. Só pelo primeiro nome vocês já conseguem ter uma ideia da teoria dele").

(Eu sei que isso é para ser uma crônica sobre o tema apresentado no título, mas é mais forte do que eu! Eu não consigo deixar de fazer aqui um adendo acerca do termo "reducionismo". Pelo menos na minha experiência, quando eu vejo uma pessoa usando esse termo, geralmente se trata de alguém que está criticando uma teoria que não conhece em profundidade, classificando-a como reducionista fundamentado em uma referência do tipo "Tudo que você precisa saber sobre __________ em 60 minutos", propondo então que sua abordagem alternativa não seria reducionista. Qualquer pessoa que afirme que sua proposta teórica não é reducionista está, invariavelmente, sofrendo de grave cegueira [a qual pode ser consequência, ao menos em parte, de uma não diagnosticada oligofrenia; digo, deficiência mental idiopática; digo, retardo mental; digo, deficiência intelectual; digo, transtorno do desenvolvimento intelectual; digo, por que diabos vou me preocupar em estudar psicopatologia se é bem mais fácil manter a posição de que não devemos rotular as pessoas e que os manuais diagnósticos são golpes da indústria farmacêutica para medicalizar o cotidiano da sociedade? {e é verdade mesmo! Inclusive vi um documentário no Youtube mostrando isso - e as informações disponibilizadas através do Youtube são altamente confiáveis, desde que elas corroborem aquilo que eu acredito}]. Esta cegueira, por incapacitar o indivíduo de distinguir entre uma teoria e a realidade, é um dos antídotos contra a sensação de ser uma fraude.)

A segunda consequência da minha participação nos encontros do grupo de estudo sobre behaviorismo (lembra?) foi a de que passei a compreender melhor o porquê desta abordagem ser tratada com tanto descaso em muitos cursos. No momento em que você compra a ideia de que esta ou aquela abordagem é reducionista e só propõe x y z, você é duplamente reforçado (o uso deste termo deve ser entendido como mera coincidência – esta crônica não é uma ode ao behaviorismo): De um lado, você desenvolve um senso de que domina a teoria, o que traz consigo o nada desprezível benefício de não precisar deparar-se com a própria ignorância. Do outro, sua necessidade de estudo se reduz drasticamente, pois você já sabe tudo que existe para ser sabido e, com isso, sobra mais tempo para dedicar-se, sem culpa, a outras atividades mais prazerosas.

Assim, esses acontecimentos de 1998 formaram o embrião do argumento de que o bom terapeuta, que busca e está aberto a novas ideias, está mais vulnerável a sentir-se uma fraude: Quando o profissional tem essa postura, invariavelmente se depara com propostas de abordar as situações de uma forma diferente, que lhe parecem mais interessantes em relação à abordagem que ele vinha tendo até então. Como consequência, dificilmente não passará pela sua cabeça que o tratamento que tem oferecido aos seus pacientes é falho, sendo sensato, portanto, rotular-se como fraude.

Em relação à segunda característica do bom terapeuta, que envolve a capacidade de estabelecer relações que comuniquem validação e estímulo à mudança, acredito que isso só seja possível quando este vê a si mesmo, antes e mais nada, como um ser humano que está igualmente propenso a sofrer por razões muito semelhantes àquelas razões que motivam os seus pacientes a buscá-lo.

O grande gatilho para desenvolver essa perspectiva com alguma complexidade ocorreu em janeiro de 2015 quando eu tive a oportunidade de fazer um *workshop* com o Steven Hayes, que é um dos fundadores da Terapia de Aceitação e Compromisso (ACT), cuja principal motivação para o desenvolvimento dessa abordagem recai sobre o fato de ter desenvolvido um transtorno de pânico incapacitante no início de sua vida profissional.

Nesse *workshop*, que tinha uma característica de ser vivencial, ou seja, os terapeutas usavam neles mesmos as estratégias que posteriormente seriam aplicadas em seus pacientes, uma das tarefas envolvia o desenvolvimento de um processo chamado de desfusão cognitiva. Em linhas gerais, a desfusão cognitiva pode ser entendida como (eu juro que vou tomar todo cuidado para não ser excessivamente técnico minucioso e prolixo, embora eu já esteja sendo neste exato momento) o oposto de reestruturação cognitiva. Na desfusão cognitiva, o objetivo não é mudar as crenças ou emoções que o paciente apresenta. A ideia é que a mudança ocorre na medida em que nós passamos a nos relacionar com o nosso mundo interno de uma maneira diferente. Portanto, não existe a tentativa de alterar padrões cognitivos por meio de evidências, mas sim ganhar perspectiva sobre essas crenças.

Uma das formas de desenvolver essa desfusão ou tomada de perspectiva é colocar por escrito, em uma etiqueta adesiva, a essência daquela crença ou esquema mais perturbador para mim, e então colar essa etiqueta na própria camiseta. No *workshop*, portanto, todos fizeram esta atividade e Hayes colocou, como uma das tarefas para o *coffee break*, que cada um buscasse ler aquilo que os outros participantes tinham escrito como sendo a essência da sua crença mais perturbadora e então olhasse essa pessoa nos olhos demonstrando uma postura de acolhida e compaixão.

Não vou mentir que eu não estava mais do que curioso para saber aquilo que estava escrito na etiqueta do Hayes e minha vontade era de procurá-lo e ir direto nele... mas resisti à tentação. Assim, como bom paciente e aluno que sou, fiz a tarefa do *coffee* e olhei para as etiquetas e olhos de alguns colegas. Todavia, tão logo vi o Steven, fui em sua direção para olhar aquilo que ele tinha registrado. Quando me aproximei o suficiente para ler sua etiqueta, constatei que ali estava escrito "fraude". Sim, é isso mesmo: a maior autoridade do mundo numa das abordagens que mais tem conquistado entre as TCCs, autor de mais de 200 publicações científicas, acredita, no seu íntimo, aos 60 e poucos anos de idade, que é uma fraude.

Por ironia do destino, naquela semana de janeiro de 2015, estava completando um ano do início de um doloroso (e custoso) processo de separação. No dia anterior ao *workshop*, enquanto eu estava na estrada voltando da faculdade na qual leciono (FACCAT, que fica distante 75 km de Porto Alegre), vieram-me lembranças do exato dia em que eu me deparei com dados inequívocos de que eu não estava casado com a pessoa que eu achei que estivesse. Irrompi em lágrimas nesse momento sob a trilha sonora de "My Immortal" (Evanescence):

These wounds won't seem to heal *This pain is just too real* *There's just too much that time cannot erase*	*Parece que essas feridas não vão cicatrizar* *Essa dor é real demais* *Há tantas coisas que o tempo simplesmente não tem como apagar*

Sim, eu mesmo, terapeuta experiente, formador de terapeutas, reconheci que não havia "superado" o tratamento vilipendioso que recebi no passado, mesmo tendo escutado inúmeros sábios conselhos do tipo "você tem que passar por cima disso" ou "ela cada vez mais só demonstra que a sua decisão de se separar foi a melhor". O que passava pela minha cabeça era: "como poderei ajudar alguém se sou incapaz de resolver meus próprios problemas?".

Eu gostaria poder fazer um fechamento mais compreensivo nesse final, mas, como fraude que sou, me enrolei muito para me inscrever e perderia o prazo se fosse concluir com algo mais decente que isso: Só conseguirei validar a dor do meu paciente se eu realmente souber o quanto ela dói.

A sombra que havia

Jaelson Rodrigo Ricardo de Sousa

Foi através do trem que vi a sua sombra. Um amarelo claro em misturas ao branco opaco. Da copa das árvores, saíam seus contornos. Confesso que tive medo. Receio. Um certo sentimento de não pertença. O que era aquilo para minha pequenez? Não sei dizer ao certo o que por hora me ocorreu. O trem em seu embalo. Trilhos fortes, solavancos, desvios. Outro dia, porém, quis não ter pressa. Estação Franco da Rocha, São Paulo. Desço. Quantas almas-corpos desembarcaram nesses vagões? Quantas ilusões ficaram! Quantas verdades partiram! Ao entrar pelo portal-morte-medo um grande nome em alto-relevo, vibrando um azul-branco que saltava aos olhos, estampava a fachada decaída: "Complexo Hospitalar do Juquery". Era sonho meu adentrar aqueles recônditos. Tentar descobrir partes de mim naquele lugar. Para compor a cena, uma névoa branca-cinza-azul abstraiu-me. Surrealismo. Foi como perceber as pinturas serem feitas. Retirar máscaras e ver-sentir o impasse e inoportuno real. Penso que sempre, para mim, eu estaria escondido ali. Aquele lugar me pertencia, da mesma forma que o útero abrigou-me. Mas a sombra que havia perturbava-me. Era como ser transportado para o passado e reviver a cena da construção. Observar o arquiteto, trabalhadores, médicos, enfermeiros. O Juquery foi sombra. Escuridão que abrigou almas-corpos. Em partes, o não reconhecimento da possibilidade de *ser pessoa*. As telhas vibravam os pensamentos automáticos, difícil e improvável reconhecer o intermédio das crenças dos habitantes-aves. Mais assombroso e, em partes, irreconhecível, pela neblina do tempo, encontrar o centro. Crenças. Impossibilidades de cognitivos? Provável que sim, antes das formulações de 1970 e outros tempos, o lugar sombrio-vida já dava passos largos. Mas isso me faz refletir aos destinos humanos. O mundo que formamos e iríamos formar. Poucos eram os cuidados em saúde mental. É mancha que Sociedade-Estado insiste em calar. Afastem-se! Prenda-os! De forças, camisas brancas, choques. Medo. Injúrias. Enquanto esse futuro que almejamos insiste em nos derrubar, deitamos o passado. Contudo, este sabe quem somos. Enquanto aquele não sabe quem somos, o passado nos constitui. E qual o destino que queremos formar? Esquecer o passado? Refazê-lo? Destruí-lo? Não sei ao certo. Sei que sombras existirão. E, por vezes, estamos imersos. Catastrofizações. Hipersensibilidades. Negações. Automatismos. Espero que o trem, que por hora passa, nos permita descer, limpar a sombra e ser luz. Claridades.

Crônica do "Sei lá"

Julie Amaral

Um encontro marcado para a próxima sexta-feira, uma prova na escola confirmada para o mês que vem, a espera de um telefonema importante ou aquela viagem tão sonhada, há tempos esperada, enfim chegando, pela manhã. Essa antecipação da incerteza do que ainda está por vir, promete me matar um dia. Para um ansioso de carteirinha, o depois mais parece um abismo inóspito, bastante escuro, e cheio de monstros mascarados de meus piores medos.

Como me preparar para o que não sei? Qual a melhor roupa para desbravar o desconhecido — faz frio ou calor na terra do "sabe Deus"? Na minha cabeça, as respostas dessas e outras perguntas vêm no formato de vários cenários, como peças teatrais, com roteiros pautados por expectativas um tanto devastadoras. Os diretores? Minhas inseguranças, é claro. São elas que ditam a angústia da imprecisão do minuto seguinte. Minha perspectiva viciada nas decepções do passado insiste em dizer que o que vem por aí não será diferente.

De repente me sinto inadequada até para as coisas mais banais, como ir a uma festa de aniversário de um amigo de uma amiga minha. E se eu sem querer derrubar um copo de refrigerante em cima da mesa? E se eu me embaralhar com as palavras e não conseguir formular meus pensamentos tão bem quanto aquela menina que parece um pouco mais segura de si? Chego à conclusão, então, que é com medo dos tropeços que a gente não se permite viver. É com medo do que pode acontecer, que a gente se priva de usufruir do que "quer queira, quer não", vai sim acontecer, independentemente de mim.

É verdade que vivendo um hipotético amanhã não se aproveita o hoje. Quando menos se espera, ambos passaram, e eu continuo a mesma criatura amedrontada de ontem. Da próxima vez que eu me deparar com o novo, espero poder dizer para as nuvens carregadas de dúvidas em cima da minha cabeça, que eu não tenho como saná-las, afinal, o que vai ou não acontecer, eu só vou saber lá. Foi assim que aprendi com meu filho, que de tanto perguntar quem estaria lá na festinha? O que aconteceria quando chegássemos lá? Eu sempre com minhas respostas curtas, lhe dizia: "Sei lá!!" E se for ruim? Sei lá. E se for bom? Sei lá. E o que vou sentir? Também, sei lá. O menino sentado em sua cama pensando me indagou: "Mãe, você só responde sei lá, sei lá. Agora entendi o que a senhora quer dizer, que só vamos saber quando chegar lá, ou seja, 'Só sei lá'". Ainda que eu tente prever, certeza não há. À medida que a vida me acontecer, presente, de braços abertos para ela, quero poder estar, até porque, controle não há.

O mecânico

Mariana Fortunata Donadon

Perdi o amor da minha vida. Perdi o meu emprego. Sem pedir para que isso acontecesse alguém adoeceu. Não quero envelhecer. Fui assaltado e não quero mais sair de casa.

Problemas. É, quando eles surgem tudo vira desespero!

Um corpo estranho que ocupou algum espaço.

Algo que tirou a cor dos nossos dias.

Um abismo à frente sem possibilidade de solução.

Zona de conforto abalada.

Sinais de alerta acionados.

Estamos com problemas!

Algumas peças nessa máquina necessitam de reparo.

Como encontrar uma saída?

Como parar a minha vida para resolver essa catástrofe?

Não há solução!

Disseram-me que há um mecânico que reestrutura e ajuda a resolver problemas reencaixando peças.

Mas eu não preciso de ajuda mesmo!

Tudo acontece tão de repente! Sair da minha zona de conforto, inesperadamente, e enfrentar uma batalha sem poder consultar ao menos a previsão do tempo soou-me muito ameaçador.

Lutar com um inimigo pelo qual eu não conhecia, gerou-me desconforto.

Ninguém parou para que eu pudesse trocar o óleo das engrenagens. Tive fazê-lo nos atropelos da vida.

E é com tudo ao mesmo tempo e agora que a vida exigiu que, de repente, eu aprendesse a resolvê-los juntamente com a necessidade de não me atrasar para pegar o voo, não me esquecer daquela consulta médica, e de não deixar de pagar as contas, o aluguel, a parcela, a matrícula, a prova, o semestre, o prazo de inscrição. Pirei.

Chegando as férias de verão tão planejadas passo a passo. Mais um novo problema. Não viajei. Fui lá resolver adicionando uma solução barata nas peças que comprei pela internet. Problema resolvido, por hora.

Novo dia, mais um problema. Mas justo agora? Estou exausto!

Paralisei-me.

Desejei que alguma força sobrenatural parasse o mundo e resolvesse as pequenas parcelas dos meus problemas no crediário. Estava disposto a pagar o preço que fosse para que alguém me trouxesse uma solução mágica. Nem que fosse para pagar em 10 vezes sem juros no cartão.

No abalo de tantos pensamentos e problemas, minha máquina parou.

Tentei trocar o óleo. Inverter as peças. Perdi a paciência. Desejei morrer.

Os sonhos foram todos postos de lado. O futuro? Esse não era mais avistado. Não havia como ver futuro, nem o presente. Queria que o tempo parasse.

Vi-me como um conjunto de peças jogado. Sofrendo. Chorando. Criticando os céus e me fazendo revel.

Minhas peças precisavam de reparo.

Mas eu não precisava ser reparado afinal...

Levaram-me para uma grande fábrica. Com grandes poltronas. Café. Gente sentada. Silêncio. Telefone tocando. O que é que eu estou fazendo aqui?

Guilherme. Opa, alguém disse o meu nome...

Entrei, sentei. Chorei.

Falei para ele tudo o que me amedrontava. Tudo que fazia minhas peças quererem parar de funcionar. Tive medo de contar. Afinal quem era mesmo aquele cara?

Fui embora. Voltei na semana seguinte.

Fizemos uma grande lista com todas as minhas dificuldades.

Eram tantas! Eram muitas, nem mais sabia por qual começar.

Começamos pela pior de todas, claro! Nela, escrevemos onde eu queria chegar. Mas eu nem mais queria chegar a lugar algum. Traçamos as maneiras de chegar, mas eu nem pernas tinha mais para andar.

Fui embora abalado. Meus problemas ainda não foram resolvidos.

Pouco a pouco fomos tentando mexer nas minhas peças.

Começamos pela mais fácil. Fiquei um pouco feliz de perceber que conseguia ainda consertar alguma coisa.

Meu humor melhorou...

Voltei na semana seguinte.

Tarefa de casa? É claro que eu não fiz!

E se eu não soubesse encaixar? Achei a tarefa muito difícil. Fizemos então ela ali na hora e eu percebi que eu conseguia sim. Tirei e encaixei mais duas vezes. Tirei e encaixei mais três. Ufa, consegui!

Pronto resolvemos todas as fáceis!

Aos pouquinhos fomos tentando consertar as peças intermediárias.

Ah, que difícil.

Faltei!

Inventei um temporal e graças a Deus choveu.

Voltei. Peguei a peça que não era grande e nem pequena e pensamos juntos sobre ela.

Vimos formas diversas de olhar para ela. Tirei meus óculos escuros, afinal já estava noitinha. Até achei ela bonita? Um amigo me dissera mesmo que eu tinha belas peças. Saí de lá e fui até comprar óculos novos, dessa vez mais claros.

Voltei na semana seguinte, mais uma peça a ser trabalhada.

Opa! Chegamos no problema central.

Já de óculos novos, já com peças pequenas e médias consertadas, me senti um pouco mais capaz de quiçá cogitar consertar as centrais.

Mas o que fazer se era o meu modo de funcionar? Achava tudo tão custoso!

Com a peça central nas mãos, não me vi capaz de olhar para ela com outros ângulos.

Vantagem vai. Vantagem vem.

Quanto custo e benefício.

Descastrofização e nada.

Opa, uma luz se acendeu! Senti-me ligeiramente capaz de consertá-la.

Tarefa de casa?

Tentei. Experimentei inventar. Funcionou.

Encaixei a central nas demais peças e de repente outras luzes se acenderam e outras peças quase que instantaneamente arrumaram-se e ajeitaram-se.

Um milagre?

Não, apenas muitos reparos por hoje. Cansei!

Mudei a forma de encarar como devo ou não consertar as minhas peças.

Percebi que não existe tempo certo ou errado pra consertá-las. Nem maneiras certas ou erradas.

É no conduzir da vida mesmo que devemos repará-las.

É no meio dos problemas que descobrimos novos encaixes.

Que mecânico! Como ele conseguira consertar peças tão raras?

Contei pro meu vizinho também com problemas nas peças, mas ele ainda preferia comprar peças pela internet, era muito mais barato.

Minhas peças voltaram na engrenagem natural. Santo mecânico! Ainda bem que tenho ele pro resto da vida!

O quê? Eu não precisava mais frequentar sua fábrica? Vamos passar a nos ver quinzenalmente, mensalmente, quiçá semestralmente!?

Pirei!

Enfrentei.

Quanto aos problemas?

Eles não pararam de surgir, não.

Talvez tenham até se multiplicado, talvez.

O que mudou mesmo foi minha forma de encará-los.

Tornei-me mais forte e sábio, seguindo, leio um dos meus cartões: problemas existem para serem solucionados! Quantos você já conseguiu resolver por hoje?

A-Opiniático

Priscila Tenenbaum Tyszler

– Priscila, a Dani é irada!

Para minha surpresa foi assim que Kay abriu a sessão dela naquele dia. Já estava em terapia comigo há um ano e meio. Quando chegou aos 17 anos, muito deprimida, com ideação suicida e ansiedade social, eu não tinha ideia do que estaria por vir em suas consultas. Filha de pais separados com questões emocionais pessoais importantes, havia desenvolvido um esquema de privação emocional e desconfiança e abuso. Uma evitação emocional a levava a esquivar-se de suas emoções e memórias. Seus relatos eram vagos e era pouco capaz de notar pensamentos automáticos. Primeiro veio a mudança de escola, o que diminuiu enormemente a pressão do estudo. Com energia normalmente baixa, e muito desmotivada, comparecia pontualmente as duas sessões semanais de psicoterapia.

Com o fortalecimento da autoconfiança, trouxe o tema da homossexualidade, que contribuía fortemente para o seu isolamento social. Através de um aplicativo de relacionamentos, conheceu meninas, fez amizades com algumas e iniciou um relacionamento com outra. Tudo estava indo bem, mas Kay ainda não se sentia feliz. Saiu da escola (que era uma lamúria) e iniciou o curso de filosofia em uma universidade. Foi vencendo sua ansiedade social. Mas aquela energia de hoje era diferente.

Acontece que precisei mudar o horário dela e concidentemente ela ficou em seguida de Dani. Outra paciente da mesma idade. As duas haviam cursado as mesmas escolas, mas em anos distintos. Dani me preocupava. Sua falta de motivação e energia vital a fazia estar sempre com um ar "blase". Não relatava tristeza propriamente dita. Mas a vida "tanto fazia". Pouco cuidado pessoal, muitas vezes seu cheiro corporal incomodava os outros a sua volta. Havia perdido dois anos escolares. A única coisa que lhe motivada era Cost Play e desenhar mangás dos seus *cost plays*[1]. Seus personagens tinham histórias que se misturavam com as de outros colegas e os dos mangás japoneses.

Há um tempo Dani trouxe o desconforto com o seu gênero. Mas não era um caso "comum" de disforia de gênero. Era gênero fluido. Isso quer dizer que se identificava com um e o outro, e gostaria de socialmente gerar dúvidas. Ela, agora prefere ser chamado de Ele por mim e por outros amigos próximos, mas não se vê exatamente como gênero masculino. Afinal, nossa língua não tem o pronome neutro, como no inglês, alemão e outras. E este/isso um sofrimento para "Them". Usa bainder[2], sempre de calça jeans larga, blusão ou casaco, cabelo curto e uma sobrancelha cortada pela metade que lhe faz parecer mesmo um mangá. A meu ver, sua vida era viver aquela "fantasia". A realidade lhe parecia um tédio.

Mas de repente estas duas pessoas se cruzam em minha sala de espera. E para minha surpresa uma nova série de informações começa a dar sentido a suas histórias.

1 Cost Play – Arte de se vestir como personagens em quadrinhos, mangás e de games. Costumam ir a festas ou feiras assim.

2 Top próprio para disfarçar a existência de seios.

– Priscila, Dani é irada!

– Irada? – perguntei.

Pois de verdade não achava que Dani fosse... Afinal, o que eu via era a falta de motivação e cuidado pessoal decorrente da depressão não responsiva aos remédios e uma evitação ao contato com seus pensamentos e emoções.

– Você já viu o Facebook dela? – os olhos de Kay brilhavam como nunca vi.

– Não, respondi. Mas fiquei curiosa! O que ela posta que faz você percebê-la como irada?

Esta foi a porta que Kay encontrou para falar de seu desconforto com seu corpo de mulher. De verdade, desde pequena, segundo relato dos pais, Kay arrancava lacinhos, recusava o uso de vestidos, não gostava de bonecas. Adorava futebol, assistia todos os campeonatos, jogava basquete e não tinha mesmo interesse por "coisas de meninas". O que talvez tenha contribuído para seu isolamento social.

– Nunca gostei de ser menina, mas quando veio a adolescência, talvez pelos hormônios, sei lá, parei de pensar no assunto.

Também não haveria espaço para isso. Sua mãe bastante distante emocionalmente e seu pai de uma agressividade e preconceito dolorosos para ela, não davam espaço para ser ela/e mesmo/a. Ter assumido a homossexualidade já foi difícil. E penso que os pais aceitaram por ter sido seguido de uma tentativa de suicídio e muito trabalho terapêutico. Mas o pai continuava achando que "aquilo era só uma fase". E não era.

Orientação sexual é uma coisa, disforia de gênero outra completamente diferente. Por sorte fui ao Concriad em 2015 e tive contato com Adriana Zanonato e Luiz Prado e pude encontrar um farol. Meus clientes, como prefiro chamar agora, também me deram muitas aulas, e a postura de abertura, curiosidade aprendizagem que adotei durante o processo nos ajudou muito neste caminho.

– Mas Kay – perguntei –, quando você entrou na adolescência e "parou de pensar nisso", não foi exatamente quando você se deprimiu aos 13 anos?

– É, não tinha pensado nisso. Bem, fiquei sem pensar mesmo no assunto. Agora eu voltei a sentir que havia algo errado com o meu corpo. Mas não quero ser vista como homem também. Como me vejo é sem este binarismo criado. Sinto-me A-Gênero.

Estas histórias que se entrelaçaram dentro de meu espaço terapêutico me fizeram refletir sobre a importância do vínculo seguro que estabelecemos com nossos clientes. O quanto o terapeuta deve se manter "A-opiniático" sobre coisa. Quero dizer, deixar nossas opiniões, valores e crenças para poder de forma flexível conhecer e aprender com aquele que senta à nossa frente. As narrativas destes clientes me ajudam a compreender seu desamparo, sua sensação de não pertencimento e falta de motivação no mundo. Essas histórias não acabam aqui.

Simples assim...

Raquel Lhullier

Pense em uma criança olhando tudo pela primeira vez. Ou então lembre da última viagem que você fez para um lugar em que você nunca esteve antes. Você já parou hoje para observar algo ao seu redor como se fosse a primeira vez, com encantamento?

Pois esta abertura reflete em estarmos realmente no aqui-agora, presentes, e nos conecta verdadeiramente no outro e em nós mesmos. Nos desperta surpresas e encantamentos em universos que nos habitam, muitas vezes despercebidos ou até desconhecidos.

O nosso mundo interno está ali, cheio de experiências, novas conexões, expectativas e se ficarmos atentos parece que quanto mais o tempo passa, mais nos tornamos sensíveis a tudo.

Mas o que esta sensibilidade representa para você? Que crenças você possui em relação a isto?

Nesta reflexão se misturam os meus dois papéis de terapeuta infantil e mãe, aliás, faz quase seis anos que eles se encontraram na minha vida com o meu filho que acrescentou uma fonte de inspiração a mais na minha vida.

Talvez ela venha de tudo que observo nele, deste olhar que descobre o mundo pela primeira vez que tanto me fascina, por todas as características dele que me encantam ou apenas venha do amor que sinto por ele.

Esta crônica é em defesa da sensibilidade dos adultos. Do encantamento com a vida, da espontaneidade, de buscarmos o olhar da simplicidade da criança que habita dentro de nós e de estarmos sintonizados emocionalmente com os nossos filhos.

Através da sensibilidade nos tornamos mais fortalecidos, criativos e prontos para os desafios da vida. Arrisco-me a afirmar que podemos ser salvos quando entramos no mundo das emoções, no mundo de quem se permite expressá-las e encontra os benefícios desta atitude. Quando fazemos as pazes com as nossas emoções e não fugimos delas, ganhamos por estarmos mais atentos a tudo ao nosso redor, fazemos as pazes conosco e com a vida. Temos os aliados que nos defendem de situações arriscadas, nos ajudam a refletir sobre nossos comportamentos e sobre a vida, nos ajudam a espalhar amor e outras emoções agradáveis, nos abrindo para o mundo incentivando empatia e compaixão. Lembramos que realmente não estamos sozinhos, que, às vezes, precisamos de um tempo, de um ombro amigo ou de ajuda.

Na sintonia com a criança, conseguimos enxergar o mundo através de seu olhar e percebemos que tudo é mais simples do que parece ser. Este pode ser um bom momento para revisarmos os nossos padrões de pensamentos e como temos conduzido a nossa vida.

Podemos ser salvos pelo momento presente que é a maior certeza que temos. Cultivando a presença, ficando mais atentos e abertos às crianças nos tornamos mais conscientes, reconhecemos suas necessidades e realmente observamos a leitura que elas estão fazendo do mundo lá fora e de si mesmas.

Quando observamos outras culturas e pensamos sobre a representação da maternidade obviamente elas possuem características muito diferentes, a leitura que cada mãe realiza do seu papel é muito particular em virtude de sua história de vida, crença e cultura.

Conheço e já conheci mulheres e mães admiráveis, incríveis, com temperamentos variados, com histórias únicas, mas não são feitas de aço, são pura sensibilidade.

As emoções nos aproximam, nos tornamos tão semelhantes em meio a tantas diversidades. O amor é uma delas e que rompe barreiras, é a emoção base da compaixão, empatia, solidariedade e da saudade.

Lembro de uma cena do meu filho que gostaria de citar. Ele estava refletindo sobre o amor e o entendimento sobre segurança e confiança que começou a se ampliar. Lançou algumas constatações no auge dos seus 5 anos de idade, a partir do seu olhar e que na época registrei nas minhas anotações:

"Os pais nos amam quando nos ensinam as coisas certas, confiam na gente e nos fazem carinho."

"A escola mostra que nos ama quando nos elogia e nos mostra as regras."

"Podemos mostrar amor pelos outros com uma flor, elogiando, abraçando, falando que gosta da pessoa."

Simples assim... vamos pensar nas sementes que estamos lançando e no que desejamos para as próximas gerações. Em como lidamos com as emoções básicas na nossa vida de adultos e o que ensinamos para eles sobre a nossa sensibilidade enquanto mães e terapeutas infantis. Simples assim... como um olhar de uma criança... que para sempre vai morar dentro de nós.

O super-homem na terapia cognitivo-comportamental

Renata Brasil Araujo

O despertador tocou e eu, meio dormindo, meio acordado, pude constatar que era chegada a hora... A hora de iniciar um processo que nunca era fácil, mas que, neste momento, era necessário para que eu conseguisse virar a página e para que o desafio de viver a vida não fosse algo tão pesado. Muitas vezes eu ficava pensando: "Será que é mesmo necessário?". Queria muito que não, mas sabia que não dava para adiar mais e inventar novas desculpas, por isto, pulei da cama e fui tomar o meu banho.

Procurar um psicoterapeuta, pedir indicações, escolher alguém em quem confiar os seus segredos mais íntimos e o seu lado mais frágil, nos dias de hoje, é algo facilitado pelas informações que conseguimos descobrir pela internet. Podemos entrar nas redes sociais dos terapeutas, ver suas fotos e, dependendo, conhecer suas inclinações políticas, suas famílias e, para quem considera importante, até mesmo fazer seus mapas astrais antes de decidir que aquele indivíduo será "digno" de nos atender!

Bem, comigo não foi diferente, usei critérios parecidos, investiguei a vida da provável "vítima"; da candidata a ouvir as minhas lamúrias e percebi – segundo os meus valores – que era uma mulher com aparência segura, que tinha estudado bastante (afinal, meu caso era complexo), com vários artigos publicados, que trabalhava com a Terapia Cognitivo-Comportamental, e que parecia ser uma boa mãe. Esse último pode parecer um critério idiota, mas ter olhado a foto da minha futura terapeuta com seus dois filhos pré-adolescentes no Facebook deu mais convicção à minha escolha!

Tenho quarenta anos e não sou "virgem" em fazer psicoterapia: na adolescência, busquei ajuda para avaliar a minha escolha profissional e, aos trinta anos, repeti a dose, após a separação da minha primeira esposa. Agora, seria a terceira vez, quando após um assalto, desenvolvi uma doença de nome complicado chamada transtorno de estresse pós-traumático – TEPT, para os "mais íntimos".

Para quem não sabe, o TEPT é uma doença que ocorre após situações de ameaça à vida e na qual o indivíduo sonha com o evento traumático, pensa nisto frequentemente, sente seu coração disparado quando fala no assunto e, em função de todo este sofrimento, evita falar e passar por situações que lembrem o ocorrido, ou seja, algo que não é nada agradável.

Todos devem estar curiosos quanto ao que aconteceu comigo e, apesar de não gostar muito, vou contar: eu estava chegando à minha casa de carro e, enquanto a porta da garagem se abria, no início da noite de uma terça-feira há três meses, dois homens armados chegaram – um de cada lado do meu carro – e me obrigaram a descer do veículo. Um deles me ameaçou com o revólver, me deu um soco, me empurrou e eles roubaram o meu carro... Fiquei caído no chão, com o rosto sangrando, até que uma pessoa que passava na rua resolveu me ajudar... Foi isso... Parece simples, mas não consegui virar a página... E, voltando ao início desta história, por isto fui à procura de uma terapeuta!

E agora, faltando cinco minutos para o horário da consulta, não dá mais para fugir, a secretária simpática já havia feito a minha ficha e disse que a "Doutora" logo iria me chamar. Ela falou da chuva que caía lá fora, da situação política do país e da temperatura do ar condicionado. Mal sabia ela que eu não conseguia, de forma alguma, prestar atenção no conteúdo daquela conversa... Por isso, quando ouvi aquela voz firme, mas doce chamando o meu nome e dizendo que eu podia entrar, por um lado, foi até um alívio.

Sentamos e ela, após as devidas apresentações, olhou para os meus olhos e perguntou como poderia me ajudar. Eu sabia que essa era uma espécie de "deixa" para que eu contasse a minha história e para que ela entendesse o motivo da minha busca por atendimento. Tentei contar tudo o que acontecera comigo sem demonstrar muita emoção, mas quando vi, lágrimas furtivas caíram dos meus olhos, fazendo com que ela estendesse lenços de papel que estavam na mesinha ao seu lado para que eu pudesse me secar.

Após eu contar a minha história, ela fez várias outras perguntas a respeito do meu jeito de ser, das minhas preocupações, do que me deixava triste, de quando eu ficava feliz, das minhas manias, da minha infância e de tantas outras coisas. Era como se ela quisesse montar um quebra-cabeça dos meus sofrimentos e de como eu era, provavelmente tentando avaliar o meu diagnóstico e montar um plano de tratamento para mim, o que é algo que deve ser realizado na Terapia Cognitivo-Comportamental.

Depois de me ouvir atentamente, ela questionou se eu sabia o que estava me causando tanto sofrimento após o assalto e eu, neste instante, comecei a discorrer tudo o que aprendi quanto ao maldito TEPT e o que esperava do tratamento. Ela me olhou séria e concordou comigo, trazendo algumas outras explicações a respeito do meu transtorno, mas disse também, que não era só isso que me afligia e que eu tinha uma outra doença que ela gostava de chamar de "A Doença da Preocupação", ou "A Doença do E se, Será que". Achei confusa essa explicação e ela me disse que quem tem essa doença fica preocupado com mais de um tipo de coisa e se questionando da seguinte forma: "E se acontecer isso?", "Será que vai ocorrer aquilo?". Além disso, continuou dizendo, o indivíduo ficava irritado, fatigado, com tensão muscular, com dificuldades em seu sono, isso apenas para citar os sintomas que eu apresentava. É, não tinha como negar, como diria o cantor Roberto Carlos: "este cara sou eu"! Eu também tinha essa tal de "Doença da Preocupação"!

Ao me ver aflito, explicou que o nome científico dessa doença era transtorno de ansiedade generalizada, mas que ela preferia o apelido de "TAG" e que muitas pessoas tinham esse transtorno e nem sabiam disso, o que diminuía suas chances de melhora. Eu ouvia a tudo aquilo quieto e ela me perguntou o que estava se passando pela minha cabeça e como era, para mim, receber um diagnóstico.

– Quanto a isso – respondi – sempre tive uma opinião muito firme: tenho muito medo daquilo que não tem nome, como foi a AIDS na década de oitenta e o câncer, antes disto. O diagnóstico psiquiátrico, nos dias de hoje, ainda é visto com um certo temor, como Voldemort, da saga Harry Potter, o vilão que "não podia ser nomeado". É como se o fato de não dar o diagnóstico fizesse com que a pessoa não sofresse com o problema! Servia, ao meu modo de ver, apenas para manter viva uma forma preconceituosa de encarar a doença psiquiátrica. Por que as pessoas não achavam ruim dar o diagnóstico de cardiopatia? – perguntei de forma provocativa. É puro preconceito! – respondi sem dar tempo para ela pensar.

Disse para a minha psicóloga, para que ela não achasse que eu estava teorizando sobre o assunto, que ter TAG e TEPT era tão ruim quanto ter diabetes, mas que saber o que eu tinha me dava uma perspectiva de melhora, pois algo poderia ser feito. Sabia que algumas pessoas defendiam o "não dar o diagnóstico para o paciente", dizendo que ele era um rótulo e que o paciente seria resumido a ele... Isso, comentei de forma irônica, eu achava ridículo e igualmente preconceituoso, pois ninguém pensava do mesmo jeito – optando pela ignorância – quando a doença não era psiquiátrica.

Neste momento, ela me interrompeu e explicou que o que funcionava melhor, pelos estudos científicos, para quem tinha TEPT e TAG era a associação da Terapia Cognitivo-Comportamental – TCC – com a farmacoterapia, e que se utilizava para os dois transtornos antidepressivos que agiam em um neurotransmissor chamado "serotonina".

Nada do que ela havia dito era exatamente uma surpresa para mim, mas não posso negar que era tranquilizador ouvir de uma profissional, a partir de um embasamento científico, que o que temos tem um nome e um tratamento e que muitas outras pessoas no mundo sofrem deste problema. Isso traz esperança, o que considero a palavra-chave para quem vai fazer terapia!

O que pensei quanto a tomar medicação? Na verdade, já estava tomando, mas eu e meu psiquiatra avaliamos, há algumas semanas, que o remédio não era suficiente, e que a procura por um terapeuta cognitivo-comportamental para trabalhar em conjunto seria necessária para que eu melhorasse do meu quadro de ansiedade. Por que não procurei antes? Poderia dar várias desculpas que considero verdadeiras como: falta de tempo, não querer me expor para um estranho, ou não ter encontrado o profissional adequado, mas a "verdade verdadeira" era simplesmente que eu não queria falar do assunto! Não queria falar do assalto, não queria me expor a nada que se referisse a esse evento que atrapalhou tanto a minha rotina.

Mesmo conhecendo a respeito da Terapia Cognitivo-Comportamental, quando a psicóloga perguntou se eu queria que ela explicasse como seria o tratamento, eu disse que sim. Queria saber como ela entendia todo o processo terapêutico e, mais do que tudo, como ela entendia o meu "caso" à luz dessa teoria.

Ela, com seu jeito tranquilo, explicou que todos nós temos uma predisposição biológica para enxergarmos, de uma determinada forma, a nós mesmos, ao mundo e ao futuro, e que esta poderia ser comparada com uma espécie de óculos. O sujeito poderia nascer com uns óculos mais escuros, deprimidos, e mesmo em situações em que tudo parecesse ensolarado, ele perceberia o tempo como nublado. Claro que as coisas não são tão simples assim, pois esses óculos também são influenciados pelo meio em que se vive. Pais, irmãos, amigos e professores, na infância, tendem a "arranhar estes óculos", diminuindo a autoestima de seu portador durante as interações do dia a dia, o que prejudica, ainda mais, a distorção existente da realidade. Esses óculos são chamados crenças centrais e, pelo que a minha psicóloga disse, eu tinha uma crença central que afirmava que eu era vulnerável e que fazia com que eu me sentisse tão ansioso, como se houvesse sempre um perigo iminente!

Fiquei muitos anos sem que esta crença estivesse tão fortemente distorcendo minha visão da realidade, mas após o assalto, foi como se os óculos da vulnerabilidade tivessem "grudado no meu rosto" e eu não conseguisse mais ver outras opções de entendimento dos fatos, salvo a opção de que o mundo era perigoso e que eu deveria evitar qualquer tipo de exposição. Antes do assalto, eu já tinha o TAG, mas a medicação parecia ter sido mais efetiva em fazer com que me sentisse menos ansioso... Sei lá... É difícil a gente se compreender.

Quando a terapeuta me perguntou se eu imaginava quem ou o que teria influenciado para eu ter esta visão de mim como vulnerável, não foi difícil citar que eu tinha uma mãe crítica e controladora e que meu pai era um homem omisso, frágil e completamente comandado por ela. Eu era filho único e meus pais sempre me diziam para "tomar cuidado" e para não ser "usado" pelos outros; mandavam que eu não me envolvesse em perigos desnecessários e que eu não fugisse do caminho que a sociedade considerava "normal". Creio que fui bem sucedido nisso tudo, porém agora tinha que encarar o efeito colateral de ter sido tão "obediente": me transformei em um indivíduo ansioso e esquivo.

Ela assentiu com a cabeça e fez uma expressão de quem entendia o que eu havia passado até ali e de quem confiava que eu fosse capaz de superar todas as minhas dificuldades. Ela disse que o tratamento ajudaria bastante e que o fato da TCC ser mais estruturada ajudaria na minha melhora. Ela comentou que usaria uma prancheta, na qual anotaria questões importantes ditas na consulta, e que antes de iniciarmos os assuntos a serem conversados, iríamos "agendar", listar estes assuntos para que não esquecêssemos de nada importante. Disse que avaliaríamos o meu humor na última semana, que seria sempre dada uma tarefa de casa e que, da sua realização, dependeria boa parte do sucesso do meu tratamento. Perguntou se eu tinha dúvidas e se mostrou disponível, entregando um cartão com seu email e telefone celular.

Agora, todas as cartas estavam na mesa e o tempo da nossa primeira consulta chegava ao fim. Eu me sentia aliviado, falei tudo o que me incomodava, ouvi o parecer da profissional e recebi como tarefa de casa a leitura de um texto psicoeducativo a respeito da fisiologia do medo e da ansiedade. Marcamos uma nova consulta e sai do consultório com esperança de poder me sentir novamente em paz.

Olhei no relógio e percebi que eu tinha vinte minutos para não chegar atrasado ao meu trabalho. Ao ver a fila para pegar o elevador no prédio onde eu trabalhava e constatar que apenas um deles estava funcionando, tive que me resignar ao fato de que o atraso seria inevitável. Fazer o quê? – pensei eu. Em outros tempos, subiria correndo de escada os dez andares, mas hoje, não sei se por um efeito inicial do tratamento, resolvi simplesmente aceitar! Aceitar que sou um ser humano falível como qualquer outro!

Ao entrar em minha sala, constatei que já tinha alguém me esperando. Minha secretária entregou-me uma ficha de primeira consulta, na qual pude ler: "Estudante de Psicologia", "Motivo da busca: TEPT". Não pude deixar de sorrir...

Sim, eu também era um terapeuta cognitivo-comportamental... E daí? Sim, eu também tinha TEPT... Isso iria me impedir de tratar este paciente em especial? Não sei. O fato de eu ser ansioso me impedia de ser um bom terapeuta? Eis uma questão interessante!

Olhei, com curiosidade, aquele jovem franzino sentado à minha frente, que lembrava um pouco a mim mesmo vinte anos atrás. Ele começou a falar de seu trauma, um acidente de carro, e da dúvida que tinha se poderia ou não ser um psicoterapeuta, já que era uma pessoa tão ansiosa. Disse-me que pensava que deveria desistir da faculdade e tentar fazer outra coisa, pois não era "forte o suficiente" para ser um terapeuta.

– Quem sabe alguma profissão com números? – ele pensou em voz alta.

Nesse exato instante, recordei da crise que eu e meus colegas passamos no oitavo semestre da faculdade de Psicologia. Essa crise era algo que fazia parte do calendário letivo do curso pela enorme frequência com a qual ela ocorria! Os alunos, após estudarem uma série de diagnósticos e de se encaixarem, aos seus próprios olhos, em quase todos eles, começavam a questionar se realmente "serviam para a coisa", ou seja, se não eram "loucos demais" para serem psicólogos. Afinal, era muita responsabilidade tratar a "loucura" dos outros quando não éramos exatamente ícones da saúde mental.

E hoje, passados vinte anos, o que eu pensava disso? A que conclusão eu cheguei? Ser "louco" tornava alguém incapaz de tratar a "loucura" do outro? Era isso que o menino ali na minha frente queria saber – e o que muito questionei...

Depois de tanto tempo, depois de atender a tantos pacientes e de ter meus próprios problemas, sintomas e diagnósticos, só posso pensar uma coisa: o terapeuta não é – e não pode ser – sempre um Super-Homem! São as nossas fraquezas que nos tornam capazes de entender o sofrimento do outro e de ajudar os nossos pacientes a lutarem pela felicidade. Por outro lado, é por vermos tão aumentadas as nossas fraquezas, a partir dos óculos distorcidos das nossas crenças centrais, que não conseguimos ver o nosso lado forte e capaz de ajudar o outro, nem de valorizar o nosso lado frágil e empático. Parece confuso, mas é assim que isso funciona!

O psicoterapeuta – e especialmente o cognitivo-comportamental – não pode ser uma pessoa fria que usa a estrutura das sessões e o diagnóstico psiquiátrico para ser superior aos seus pacientes. Ele deve ser, ao invés disso, uma pessoa acolhedora e empática que entende a dor de quem trata e que trabalha no sentido de fazer com que este indivíduo aceite que ninguém pode ser um Super-Homem vinte e quatro horas. Deve fazer com que ele aceite que, mesmo com seu lado frágil, terá os seus momentos de herói, nos quais sobrevoará, com segurança, seus maiores conflitos.

Pensando em tudo isso e vendo aquele jovem à minha frente ansioso por uma resposta, digo a ele apenas para que tenha calma para que possamos juntos limpar os óculos distorcidos de suas crenças para que ele possa avaliar sua verdadeira força e, consequentemente, sua aptidão para ser psicólogo. Pensei em dizer para ele que o bom psicólogo se encontrava em uma linha tênue entre a força e a fragilidade e que o resto era mito, mas achei que não podia roubar-lhe o prazer desta descoberta tão importante.

O horário havia acabado, estava na hora de ir pegar meu filho no colégio e almoçar na minha casa... Quem sabe até descansar um pouco! Programas de pessoas comuns, terapeutas ou não...

Abro a janela e vejo o sol brilhando sozinho no céu, sem nuvens para ocultá-lo. Sempre gostei muito de dias assim, pois fazem com que eu me sinta em paz!

Vou ao meu armário, pego a minha capa e, sorrindo para mim mesmo, me dirijo até a janela. Contemplo o lindo dia e, sentindo-me livre, alço voo, fazendo piruetas no ar e pensando, com confiança, quais seriam os meus novos desafios.

Abrindo o pote da vida

Rita Frezza Maganini

Costumam questionar o quão difícil é meu trabalho enquanto psicóloga penitenciária. Respondo sempre que tão difícil quanto eu posso fazê-lo ser. Não me entendam mal, não quero com isso minimizar o fato de estar numa instituição falida, com conhecidas e recorrentes dificuldades em seu propósito final: a "ressocialização" dos sujeitos. Acontece que ainda permaneço encantada com a possibilidade do ser humano, geralmente aquele a quem teve negligenciado do amor à comida, uma possibilidade de entrar em contato consigo mesmo. Desconectar-se um pouco dos padrões impostos pela nossa cultura ao capital e pensar no que realmente vale a pena e aonde se quer chegar, compensa a frustração de repetir este processo e de, muitas vezes, os ver chegar tão logo quanto partiram.

Num dia de trabalho como qualquer outro, atendo a três demandas distintas: daqueles que buscam espontaneamente o serviço de psicologia, daqueles que são indicados a fazê-lo e daqueles a quem são condicionados (por indicação judicial) a fazê-lo. Não preciso lhes dizer quem geralmente sucumbe ao processo, já que a imposição é por si só condição limitante. Mas, enfim, nestes dias quaisquer de atendimento, eis que surge em minha sala um bilhete feito em um pequeno pedaço de papel, dizendo o seguinte: "por que não me atende mais? Ass = William B., cela 7".

Confesso que aquela pergunta me incomodou, já que realmente havia desistido de atender a este sujeito. Sua falta de compromisso era tanta que por vezes o aguardei mais de meia hora antes de passar pelos corredores e chegar até a última grade, onde era algemado e chegava à minha sala. Pior do que isso, o sujeito não avançava no seu discurso vitimizado e não se comprometia com nenhuma mudança explorada. Esta é minha verdadeira frustração, afinal só se consegue um processo terapêutico aquele que adere ao contrato, que pede ajuda e que se compromete com as mudanças. E ali estava aquele bilhete inquisidor, tentando colocar sob minha responsabilidade a sua falta de compromisso. Pedi ao supervisor da guarda penitenciária chamar imediatamente o William B. Nunca vi tão rápido, em poucos minutos ali estava o sujeito. Como de costume o agente penitenciário que o conduziu perguntou se queria que fechasse a porta. Respondi que sim e pedi que William B. se sentasse. Olhei-o por algum tempo, já que estava cansada de suas desculpas para retomar a estrutura usual de atendimento que uso, qual inicia com uma breve atualização e checagem do humor. O sujeito me olhou atentamente e questionou:

– Tudo bem, dona Rita? Agora vai me atender?

Respondi secamente:

– Tudo bem, William. Isso é você quem vai me responder.

Ao ver sua reação contrariada, resolvi fazer uma breve contextualização do dilema no qual havíamos chegado. William B. definitivamente não era um sujeito burro, tampouco um gênio. Ele havia entendido muito bem minha resposta, mas insistia em se lamentar pela dificuldade de realizar qualquer uma das nossas combinações. Mais uma vez checamos a lista de objetivos descritos ainda no primeiro encontro e perguntei por que era tão difícil a ele se permitir qualquer mudança. Suas necessidades haviam sido simuladas ou tão difíceis de compartilhar que tive de interromper a técnica e me concentrar mais no suporte. Trabalhar minha própria paciência é sempre um grande desafio... A sessão encerrou assim, sem avançar, sem tarefas a serem feitas, sem *feedback* da sessão. Achei que mais um paciente que inicialmente se mostrava motivado escapulia pela única saída do consultório: o retorno à vida gradeada.

Passado pouco tempo recebo novo bilhete do mesmo sujeito e, desta vez, com toda a educação possível, solicitando um minuto da minha atenção. Deixei que iniciasse e já se adiantando, respondeu dizendo que estava tudo bem com ele e com a companheira, também recolhida em outra unidade prisional. Continuou dizendo o quanto era difícil interromper alguns pensamentos intrusivos frutos de uma infância tão difícil que lhe revirava o estômago apenas ao brevemente mencionar. Uma vida de negligências e abusos em tenra infância que lhe fazia explodir em raiva e confiar pouco nas pessoas. Amar tinha aprendido e por isso sua necessidade tão grande de atenção.

Ao longo dos próximos encontros o contato tão difícil e surpreendente com suas próprias emoções trouxe alguns resultados. Não me preocupo realmente com os resultados que o sistema espera: sua reincidência possivelmente ocorrerá, já que sua noção de certo e errado passa por alguns dilemas de nossa sociedade atual. Dilemas que também compartilho, mastigo e não consigo superar.

Aí novamente me aproximo da minha própria dificuldade em atender esta população. Algumas histórias me mobilizam demais. Algumas crueldades denunciam o quanto definham os valores pessoais em nosso mundo atual. Outras vezes, a falta de afeto, de possibilidade de alcançar pequenos sonhos também se faz cruel. Retomar aprendizagens tão iniciais me faz constantemente questionar se a instituição em que trabalho não é uma mera continuação de tantos outros locais pelos quais estes sujeitos estiveram. Inicialmente no sistema escolar, com corpos doutrinados e afetos desconsiderados.

Nem todas as histórias repetem a um padrão, mas frequentemente denunciam a existência de uma faceta humana que ainda atinge a muitos: a ignorância emocional, a falta de empatia e a ânsia pela vingança que só alimentam este sistema punitivo sem propósito. Mas é neste espaço apertado, confinado e recluso que alguns se permitem um tempo para pensar nestas mesmas dificuldades, que se permitem romper com alguns padrões impostos para valorizar o que há de mais elementar: as relações de afeto que construiu, o cuidado com a família e a educação dos muitos filhos.

E é por esta razão que ainda acredito no meu trabalho e que ainda mantenho alguma motivação para não ser tomada pelo descrédito, para não me chocar com tantas crueldades. Como uma conselheira de pequenas grandes crianças iradas tento romper um pouco suas tão limitadas opções. Não me sinto instruindo ninguém, apenas me sinto ajudando a segurar o pote da vida pronto para ser aberto.

PARTICIPAÇÃO ESPECIAL

Enfim, curado

Elie Cheniaux

Minha querida amiga Marta,

Escrevo-lhe para lhe fazer um grande agradecimento. Pensei muito na última conversa que tivemos e decidi seguir seus valiosos conselhos: aprender dança de salão e me submeter à TCC.* Comecei ambos há apenas duas semanas e, acredite, já estou completamente curado da minha neurose. Muito obrigado! (O bom de o termo *neurose* ter saído das classificações psiquiátricas é podermos nos dizer neuróticos e continuarmos negando que somos loucos, malucos ou pirados.)

Para ser mais exato, a dança de salão ainda não deu muito resultado. Esse insucesso temporário se deveu a um mero acaso, e não à minha total falta de coordenação motora. As aulas tiveram que ser prematuramente interrompidas, devido ao inesperado suicídio do meu professor. Nunca me esquecerei da última aula com o saudoso mestre, na véspera de sua morte. Naquele dia, ele, que sempre tentava me incentivar, alterou um pouco sua didática e fingiu estar zangado comigo, gritando: "Se você não acertar essa p... pelo menos uma vez na vida, mato você ou dou um tiro na minha

* Sigla em geral utilizada para designar *Terapia Cognitivo-Comportamental.*

cabeça!". Tenho plena convicção de que não tive nenhuma culpa por essa terrível tragédia, embora o seu bilhete-suicida tenha citado o meu nome 117 vezes.

Depois de quinze anos ininterruptos de psicanálise, sem solução para o meu caso, encontrei finalmente a salvação na TCC. Quando meus colegas da sociedade psicanalítica souberam dessa minha nova iniciativa, chamaram-me para uma reunião. Durante a conversa, eles tentaram sutilmente me dissuadir de fazer TCC, quebrando-me o nariz, quatro dentes e duas costelas. Mas não ficaram só nisso. Recomendaram que eu fizesse mais alguns anos de análise, o que seria a melhor maneira de vencer minha resistência contra a análise. E ainda me obrigaram a jurar com a mão sobre as obras completas de Sigmund Freud que jamais abandonaria a psicanálise. Mas os enganei, pois, em vez da nossa bíblia, eram os seminários de Lacan que eu segurava.

Apesar de todos os percalços, iniciei a Terapia Cristã Cardecista. (A TCC de que você falou é esta, não é?) A princípio, achei um pouco estranho "kardecista" com C, mas, como confio plenamente nos seus conselhos, segui em frente. Então voltei a acreditar em Deus e passei a ver um sentido em tudo na vida, inclusive no Holocausto, na epidemia da AIDS, no terremoto do Haiti e na escolha do Dunga para técnico da nossa seleção na Copa. Atualmente vejo gente morta todo dia e estou sempre conversando com espíritos. Ou seja, a minha saúde mental nunca esteve tão boa!

Texto publicado originalmente no livro *O antifacebook: Meus encontros e desencontros com Woody Allen, Hitchcock, Freud, Deus, o Flamengo, as mulheres e... comigo mesmo* (Editora Prospectiva).

PARTICIPAÇÃO ESPECIAL

Um reencontro

Carmem Beatriz Neufeld

– Foi você que escreveu este livro? – disse ela.

– Sim, junto com meu marido. Escrevemos pensando em como ajudar crianças que tivessem dificuldade de se exercitar e que se sentem cansadas com frequência. – respondi.

– Hum... legal – disse ela.

– Achei que talvez você pudesse querer levar para casa para ler, ou ler aqui comigo. O que acha? – indaguei.

– Pode ser. Eu levo para ler e depois conto para você. – definiu.

Na semana seguinte ela voltou e lhe perguntei o que tinha achado do livro, e ela me disse que gostou. Perguntei se queria me contar a história, e ela disse:

– Eu posso ler para você.

– Claro! – incentivei.

Ela leu, de forma empolgada e interpretando os personagens da história. Em vários trechos percebi que ela modificava as falas, refraseava e fazia uma releitura do livro. Enquanto ela lia me transportei. Lembrei-me que desde muito pequena fui apaixonada por histórias.

A leitura daquela menina cheia de emoção e vivacidade me trouxe várias memórias. Quando estava no primeiro grau, uma vez por semana era dia de retirar livros na biblioteca da escola rural onde estudava. Era dia de festa, dia de alegria para mim.

Devido ao meu gosto especial pela leitura a professora deu-me o direito de retirar alguns livros a mais do que os que normalmente eram permitidos. Uma das minhas preferências era ler estes livros várias vezes, e após inúmeras leituras silenciosas partia para minha aventura predileta: ler os mesmos com ênfase e pausas teatrais para meu pai, antes dele dormir.

Após algumas vezes exercitando a leitura em voz alta e com interpretação dos personagens, descobri um prazer ainda maior: o prazer de ir além da história e complementá-la com minha fantasia.

Assim os livros se tornaram um exercício de contar e recontar histórias com diferentes desfechos e a cada nova leitura, um novo livro se escrutinava frente aos meus olhos. Se meu ouvinte gostava? Eu acredito que sim. Ele as acompanhava e nunca mencionou que as falas mudavam, ou recriminou a mudança no final das mesmas.

Muitos anos depois, formada em psicologia, pós-graduada, terapeuta, pesquisadora e ainda apaixonada por histórias e livros tive o privilégio de ser "a ouvinte" paciente e atenta, e relembrei esses doces momentos.

Como me senti? Grata.

Grata por ter tido a oportunidade de revisitar, a partir do meu ofício, algo que já me era caro há tantos anos atrás, e que agora eu pude experimentar desde uma outra perspectiva. Ao final daquele encontro saí com mais uma evidência de que, além da função de guiar um processo de mudança para nossos pacientes, ser terapeuta é permitir-se ser tocado pelas experiências dos mesmos e, acima de tudo, aprender com eles.

Autores

ALINE HENRIQUES REIS

Doutora em Psicologia pela Universidade Federal do Rio Grande do Sul. Formação em Terapia do Esquema. Professora Adjunta do curso de Psicologia da Universidade Federal de Mato Grosso do Sul. Mãe apaixonada do Theo que descobre a cada dia as agruras, recompensas e aprendizados da maternidade.

ALINE SARDINHA

Psicóloga Clínica, Terapeuta Cognitivo-Comportamental certificada pela Federação Brasileira de Terapias Cognitivas, Professora do Programa de Pós-Graduação em Terapia Cognitivo-Comportamental (Universo, RJ). Doutora em Saúde Mental (IPUB/UFRJ). Especialista em Psicoterapia de Família e Casal (PUC-Rio). Ex-Presidente da Associação de Terapias Cognitivas do Estado do Rio de Janeiro (ATC-Rio). É também escritora e fundadora do site Pílulas de Bem-Estar, de divulgação de informações sobre psicologia e saúde para o público leigo. Apesar de tudo isso, sua atividade preferida é ser mãe do Pedro e da Lia e esposa do Gil.

ANDERSON DA SILVA CASTRO

Estudante, pesquisador, escritor, psicólogo e psicoterapeuta. Leitor e observador. Se existe algo que me agrada é a transitoriedade; aquilo que amo se alimenta de felicidade; e aquilo que desejo é o sol, os animais, a mente humana e o tempo correndo como areia no vento, como a exiguidade.

CARMEM BEATRIZ NEUFELD

Livre-Docente em Terapia Cognitivo-Comportamental pela Faculdade de Filosofia, Ciências e Letras da Universidade de São Paulo. Docente, Pesquisadora, Escritora, Psicóloga e Psicoterapeuta. Apreciadora da beleza presente no cotidiano. Aficionada, dentre tantas outras coisas, por plantas, animais, literatura, arte, cinema, vinhos, viagens, gastronomia e acima de tudo, pela diversidade e complexidade humana.

ELIANE FALCONE

Mestre em Psicologia Clínica pela PUC-Rio e Doutora pela USP. Pós-doutora pela USP e pela PUCRS. Especialista em Terapia Cognitiva pelo Beck Institute e certificada pela FBTC. Ex-Presidente da FBTC (2003-2005); fundadora e editora da *Revista Brasileira de Terapias Cognitivas* (2005-2009). Docente do Programa de Pós-Graduação em Psicologia Social – Instituto de Psicologia - UERJ.

ELIE CHENIAUX

Psiquiatra, professor universitário (UERJ e UFRJ) e escritor. Fã de Woody Allen, Alfred Hitchcock, Vincent van Gogh e Tom Jobim, além de torcedor do Flamengo

FÁTIMA OLIVEIRA

Psicóloga clínica, educacional e organizacional. Professora de educação infantil por dez anos, aprendeu ao ensinar sobre a descoberta da vida e apreensão de saberes. Possui formação generalista, acumula conhecimentos diversificados incluindo Programação Neurolinguística, Tratamento da Dor Crônica e Psicanálise dos Laços Sociais. Atua clinicamente na área da saúde em atendimentos a indivíduos e seus familiares.

GIOVANNI K. PERGHER

Ser humano dedicado a tentar compreender o sofrimento de outros seres humanos, buscando novas maneiras de encará-lo. Para tanto, tem estudado como fatores biológicos, psicológicos e sociais interagem para produzir as mais variadas formas de sofrimento. Usa duas estratégias básicas para que seu conhecimento faça diferença no mundo: ajudando diretamente pessoas que sofrem e compartilhando suas descobertas com seres humanos também dedicados a ajudar outros seres humanos.

JAELSON RODRIGO RICARDO DE SOUSA

Psicólogo pelas Faculdades Integradas de Patos (FIP/Patos-PB). Mestrando no Programa de Pós-Graduação em Psicologia da Saúde (PPGPS), da Universidade Estadual da Paraíba (UEPB). Um ser antigo, não vintage, em busca de si mesmo e cuja definição de si não é fixa, pois somos muitos. Tem verdadeira paixão por livros, filmes, músicas e vinhos. Preza por suas amizades e sente-se tocado pelo poder revelador do cotidiano.

JULIE AMARAL

Especialista em Terapia Cognitivo-Comportamental pela Faculdade Martha Falcão. Especialista em Terapia Cognitivo-Comportamental na Infância e Adolescência pela Faculdade Mario Quintana/INTCC. Psicóloga, psicoterapeuta e escritora. Apreciadora das pequenas alegrias. Apaixonada por plantas, animais e acima de tudo pelo ser humano.

MARIANA FORTUNATA DONADON

Psicóloga pela Faculdade de Filosofia, Ciências e Letras de Ribeirão Preto (FFCLRP- USP). Bacharelado Especial em pesquisa, Faculdade de Filosofia, Ciências e

Letras de Ribeirão Preto (FFCLRP- USP). Licenciatura em Psicologia, pela Faculdade de Filosofia, Ciências e Letras de Ribeirão Preto (FFCLRP- USP). Bacharela em Psicologia, pela Faculdade de Filosofia, Ciências e Letras de Ribeirão Preto (FFCLRP- USP). Mestre em Saúde Mental, pela Faculdade de Medicina da Universidade de São Paulo (FMRP-USP). Especialista em Terapia Cognitivo Comportamental pelo Centro de Terapias Cognitivas (CTC VEDA). Terapeuta Cognitiva Certificada pelo DGERT Internacional. Doutoranda em Saúde Mental, pela Faculdade de Medicina da Universidade de São Paulo (FMRP-USP)

PRISCILA TENENBAUM TYSZLERN

Psicóloga. Diretora do Espaço ASA - Aprendizagem Sócio-Afetiva. Mestre em Psicologia social pela UERJ PPGP. Terapeuta do Esquema ISST. Palestrante e treinadora de resiliência emocional. Vive o presente, pois tudo passa. Apaixonada pelas duas filhas, pelo oceano, pelos encontros humanos, pelas histórias de vida suas complexidades e diversidades, por viagens, sabores, música e perfumes - tudo o que nos deixa no AQUI e no AGORA! Grata pela vida!

RAQUEL LHULLIER

Psicóloga e Psicoterapeuta Cognitivo-Comportamental de crianças e adolescências na cidade de Pelotas/RS. Professora convidada nos cursos de especialização do InTcc. Autora e coautora de livros para crianças, famílias e profissionais. Certificada pelo Mindful Schools (California) Mindfulness para crianças e adolescentes. Mãe, apaixonada por tudo o que se refere ao universo infantil, cinema, música, livros, viagens, encontros em família e com amigos. Valoriza cada momento do mais doce ao difícil como oportunidade de crescimento e superação.

RENATA BRASIL ARAUJO

Psicóloga. Doutora em Psicologia pela PUCRS e Formação em Terapia dos Esquemas (NEAPC-ISST). Vice-Presidente da Associação Brasileira de Estudos do Álcool e Outras Drogas (ABEAD), gestão 2017-2020; Chefe da Unidade de Desintoxicação Jurandy Barcellos e coordenadora e supervisora dos Programas de Dependência Química e de Terapia Cognitivo-Comportamental do Hospital Psiquiátrico São Pedro. Professora de Terapia Cognitivo-Comportamental de diversas Especializações em Terapia Cognitivo-Comportamental pelo Brasil. Sócia, diretora e psicóloga do Modus Cognitivo – Núcleo de Terapia Cognitivo-Comportamental. É escritora desde a adolescência quando escreveu um livro policial e de poesias (não publicados); adora Harry Potter, ler, jogar videogame e criar jogos terapêuticos. Ama sua família, seus amigos e o mar!

RENATA CARDOSO MARTINS

Psicóloga, escritora e professora de cursos de formação e especialização em Terapia Cognitivo-Comportamental da Infância e Adolescência. Eterna curiosa sobre a vida e suas vicissitudes. Admiradora do pôr-do-sol, do mar, da natureza e instigada por viagens, novas culturas e pela essência do ser humano.

RITA FREZZA MAGANINI

Psicóloga, Especialista em Gestão Pública Municipal pela Universidade Federal do Rio Grande do Sul. Perita Judicial, Técnica Superior Penitenciária, Psicoterapeuta. Ama rock'n roll, natureza e praia. Acredita que a maturidade emocional é um processo libertador, conquistado aos poucos através de crises, êxitos e contemplações.

Este livro foi composto com tipografia Bembo e impresso
em papel OffSet 75g. na Gráfica Del Rey.